二つの自治体再編戦略
―地方創生と国家戦略特区、そして小池都政
KPIとPDCAサイクルによる公共サービスの市場化

安達智則・石橋映二・川上哲著

目次

はじめに

東京自治問題研究所ブックレット・地方分権改革シリーズの4冊目となる本書、『二つの自治体再編戦略—地方創生と国家戦略特区、そして小池都政　KPIとPDCAサイクルによる公共サービスの市場化』は、第2・3次安倍政権の「地方創生」および「国家戦略特区」という二つの政策と、小池都政下の都政・23区政を、一体的に読み解くことを課題としている。

これまでの3冊、『地方分権改革の嘘と実』（2009年）、『逆走する民主党政権』（10年）、『東京から問う地域主権改革』（12年）は民主党政権下の地方分権を批判的に検討したが、安倍政権では分権改革は「低調」で（『自治日報』2017年2月24日号）、基軸となる地方政策が「地方創生」「国家戦略特区」の2政策に移っている（進藤「見えてきた安倍内閣の地方政策」、『賃金と社会保障』2015年1月合併号）。そしてこの2政策は、①行政改革手法を使った自治体の支配・動員の強化であり、②公共のサービス・施設を民間化・市場化し、人びとの生活に必要な公共的規制と公務員を「成長戦略」に奉仕させ、営利企業の経済成長の手段に変質させるものだ、というのが本書の主張の第1の柱である。それは社会保障の解体、貧困と格差の深刻化をもたらす、と本書は考える。

ここで、右の②を進める政治体制を「新自由主義国家」と呼ぶことにしよう。これとは逆に、個人の尊厳に価値を置き生活保障・人権擁護をめざす、日本国憲法25条を基軸とする政治体制を、「福祉国家」と呼んでおこう。また、9条を基軸とする政治体制を「平和国家」、安保関連法を成立させ、自衛隊の海外での米軍等と一体になった武力行使を可能にする体制を「戦争できる国づくり」と、呼んでおこう。安倍政権下で、「戦争できる新自由主義国家」か、「平和・福祉国家」かが鋭く問われている。

もう一つ鋭く問われているのは、「国家主導」か、「市民社会中心」かであろう。ここで「国家主導」というのは、財界、多国籍企業経営層、金融・土地資産をもつ富裕層が中央集権的官僚制と自公連立政権・安倍政権を梃子として「上から」改革を進める姿をさしている。これに対し、「市民社会」というのは、労働組合・労働運動、協同組合、民主・大衆諸団体、市民運動、非政府組織ＮＧＯ、環境保護運動、女性の運動など、非営利の多様な活動の「下からの」ネットワークと定義したい。

地方自治体は、「国家」の下部機関と位置づけられるが、「市民社会」に近い存在でもある。自治体が住民参加を進め、「住民福祉の増進」（地方自治法2条）の立場から団体自治を発揮するなら、自治体は「市民社会」のネットワークと連携できる。

このようにみてくると、戦争できる新自由主義国家―平和・福祉国家、国家主導―市民社会中心という2つの軸によって、4つの方向性が区別できよう（図参照）。Ⅰは安倍政権がめざす道で、トランプ米新政権などもここに入る。Ⅱは上から福祉国家をつくる道で、民主党政権（09～12年）の失敗がこれにあたるだろう。Ⅳの「右派ポピュリズム」にも注意しておきたい。「トランプ現象」やフランスなどの極右政党、おおさか維新の会がこれに当たる。そして本書がめざすのはⅢの、市民社会と自治体民主化の力で平和・福祉国家をめざす道である。日本の「安保法制の廃止と立憲主義の確立をめざす市民連合」と「野党共闘」、米「サンダース旋風」や西欧の新しい変革政党も、ここに含めてよいだろう。

それでは小池都政はどれになるのだろうか。この探求が、本書の第2の柱である。小池知事は「都議選まで

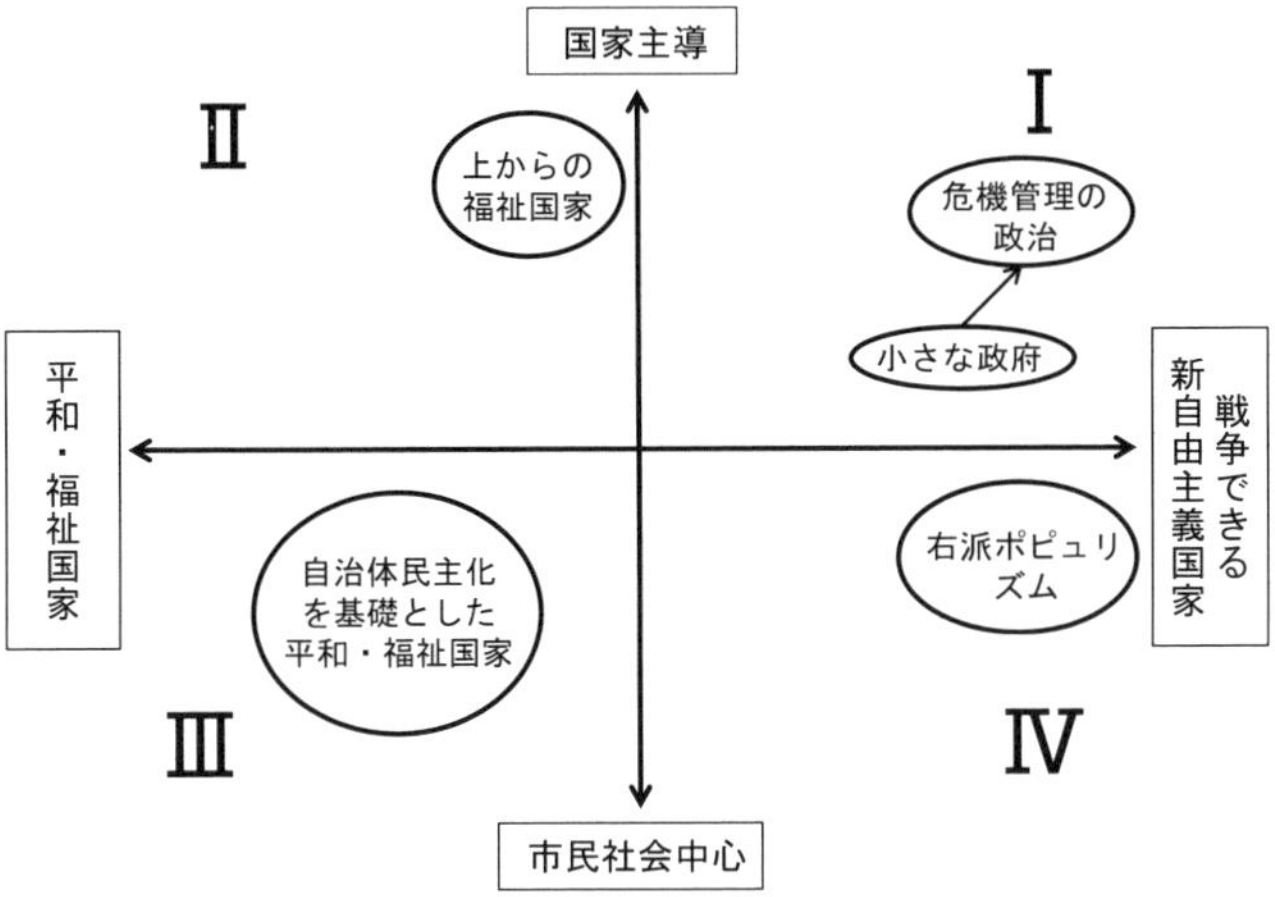

は臥薪嘗胆」としてなかなか本心をみせないが、２０１６年末に策定された長期計画、『都民ファーストでつくる「新しい東京」〜２０２０年に向けた実行プラン』では、安倍政権と二人三脚で進める「成長戦略」を強調し、東京の国際金融センター化、外資誘致のための大規模インフラ整備・都心再開発、保育・介護の企業化・営利化、観光業の振興、グローバル人材教育を打ち出している。また２０１７年第一回定例都議会での施政方針で10年ぶりの「行革プラン」策定を表明した（『都政新報』２０１７年2月24日号）。どうやら小池都政の本体はⅠをめざす都政のようである。また、小池与党「都民ファーストの会」にはⅣの右派ポピュリズムの影もちらついている。

他方、世論調査でみると都民の小池支持は6割を超えている。その内実は石原元知事以来の「上からの」都政の闇と腐敗への批判、待機児童問題解決にむけた保育充実の期待、築地市場の豊洲移転問題での情報公開などへの期待にあるようだ。小池支持という形はとっているが、そこにはⅢの「下からの福祉国家」への願いがあるのではないか。そして世論調査で豊洲移転を「やめるべき」が43％とはじめて「するべき」を上回った（『朝日新聞』２０１７年２月

21日付）ように、市民社会の動きが小池都政を乗り越える可能性も出てきている。

安倍政権と小池都政が東京の国際金融センター化や保育・介護の市場化を進めようとする背景には何があるのか。経済学で指摘されているのは、「経済の金融化」である（萩原伸次郎『新自由主義と金融覇権』新日本出版社、2016年。W・シュトレーク『時間かせぎの資本主義』みすず書房、邦訳2013年、など）。簡単に言えば、ものづくりを中心とする経済では労使合意で勤労者の賃金を安定させ、個人消費を中心に国民経済が循環してきたが、新自由主義経済では、ものづくりが衰退して株式市場が重視され、人びとの住宅や生活が金融商品と化し、短期的利益を求める大株主の意向が優先され、勤労者の賃金切り下げ＝個人消費の縮小＝国内市場の衰退がおこるので、企業はますます株式市場に依存し、株主を重視しなければならなくなるということである。したがって政府も自治体も、「経済の金融化」を推進する政策をとるようになる。金融危機・恐慌（08年）を再発させないように、単純に「小さな政府」をめざす新自由主義ではなくて、「危機管理の政治」（企業の破綻に対する公金注入、金融政策によるインフレ創出、成長戦略の策定、市民社会からの批判を抑え込む治安対策・言論抑圧など）を重視するようになる。

安倍政権の高支持率・長期政権化は、この「危機管理の政治」への期待によるものと考えられよう。しかし本当に求められているのは、「経済の金融化」ではなく、人びとの生活と地域社会を再建するもう一つの経済政策ではないのか。これが本書が主張する第3の柱である。

本書の内容を簡単に紹介しておこう。第1章「変貌する国家・自治体、そして都政の行方」は、安倍政権では「地方創生」＝ローカル・アベノミクス政策と東京を焦点にした「国家戦略特区」政策の二元的政策によって、「成長戦略」へと自治体が動員され地方自治が圧縮されていることを詳しく解明している。小池都政は、「実行プラン」で安倍内閣と二人三脚で、東京の国際金融センター化、外資誘致のための都心再開発、保育や介護の営利化、外国人家事労働の解禁など「成長戦略」を推し進めていると、批判的に分析している。

第2章「地域金融を動員した地方創生と東京膨張政策の実像」は、「経済の金融化」の具体例として、都内と地方都市のいろいろな自治体が地方銀行と連携して「成長戦略」を進め、公共サービスが金融商品化される事例を探っている。

第3章「改革をめぐる都・23区の現状と対抗の課題」は、特別区の「まち・ひと・しごと創生総合戦略」と「公共施設等総合管理計画」の施策を具体的に分析し、公共サービス・施設の廃止・民間化・営利化が起きていると批判する。対抗軸として、保育の公共性を求める運動、ひとり暮らし高齢者の孤立を防ぐべく公的な福祉・介護・住宅を求める運動、公共図書館を守る運動、公契約条例によるものづくり（建設業などの仕事おこし・賃金底上げ、中小企業と地場産業を守る運動が紹介されている。

このほか、子ども食堂・若者支援・脱貧困・ハウジングプア運動、最賃値上げ運動、教育の自由を守る運動、脱原発・市民電力の運動、ＴＰＰに反対し都市農業を守る運動などが都内にはみられる。これらは大きな視点でみれば、「経済の金融化」と大規模都市再開発による貧困・格差の深刻化と環境破壊に対抗して、地域産業政策によってものづくりを再建し、保育・介護・医療・年金などによって人びとの所得安定と地域の経済循環をつくり、ヒューマン・スケールの街をつくり、地域環境を守る、「福祉型の地域経済循環」をめざす市民社会の運動といえるだろう。このような方向で自治体からの福祉国家への展開を期待したい。おりしも、来るべき総選挙で都内の小選挙区ごとに野党統一候補を擁立しようとする市民連合の動きも始まっている。両者が深く関連していることを、指摘しておきたい。

本書が、都・区をはじめとする全国の自治体労働者、市民社会、研究者のあいだで広く読まれ、来る都議選、総選挙で活用され、「自治体民主化を基礎とした平和・福祉国家」づくりに役立てられることを、切に願っている。

（進藤　兵）

第1章　変貌する国家・自治体、そして都政の行方

―安倍政権と小池都政の今をどう読み解くか―

1　新たな段階に入った改革─国家による自治体支配の強化

(1) 自治体が自治体でなくなる?

安倍政権は2015年、「普通の国」に向けてさらに歩を進めるため、安全保障関連法、いわゆる戦争法を成立させた。同法に反対する世論が多数を占める中での強行採決であった。しかし「2000万署名」の取組みや市民連合など、これに対抗する国民的な運動も高揚した。そしてこうした対抗運動が野党共闘を生み、2016年の参院選では共闘候補が1人区で健闘するなど、一定の前進を示したことは重要である。

一方で、国家と自治体との関係が、現在、大きく様変わりしようとしている。いうなれば、国家による自治体・地域の再編、そして支配が強化されようとしているのだ。本書の目的は、どのように国家と自治体との関係が変わろうとしているのかを解き明かし、それにどう対抗していくのかを示すことにある。現在進められようとしているのは、一言でいえば国家による自治体支配の強化である。1990年代から続いた地方分権改革は終焉し、「地方創生」の名の下に、国家による自治体支配が強められているのだ。本書で検討するように、このまま改革が進められれば、自治体の職場環境は一層悪化し、国民生活もますます困難を抱えることになるだろう。地方自治、そして地方自治体とは何か。それを今、改めて問い直す必要がある。

安倍政権は、アベノミクスの「3本の矢」のうちの「第3の矢」、すなわち「成長戦略」も大きく進めている。2014年の「経済財政運営と改革の基本方針2014」(「骨太方針2014」)では、今後の改革に「3か年計画」で取組むことを示し、戦争法の審議が進んでいた2015年の「骨太方針2015」では、改革をどのように進めるのか、その手法を示し、そして「骨太方針2016」は改革が実際にどれくらい進んでいるのかを検証するプロセスを示している。[1]

「骨太方針2015」で提起されたのは、「経済・財政一体改革」であり、それは経済成長と財政健全化を同時に達成するというものである。言い換えるならば、主に公共領域の市場化をさらに進め、民間に開放し、それによって国・地方の財政支出を削減する戦略ということになる。同方針は、それを「公的サービスの産業化」「インセンティブ改革」「公共サービスのイノベーション」という言葉で提起している。この公共領域の市場化のさらなる推進とそれによる歳出削減という構想は、「骨太方針」に限らず、安倍政権が打ち出すさまざま政策を貫くものである。

したがって、改革の対象、そして改革の推進主体は、公共領域のさまざまなサービスを担う地方自治体である。安倍政権が狙うのは、この地方自治体を改革の原動力としてフル活用することである。重要なのは、それがあくまでも国家主導型の地方自治体の活用と改革であるということだ。つまり、民主党政権までの基調であった「地方分権改革」あるいは「地域主権改革」ではなく、国家主導型の「地方創生」が現在の地方を取り巻く状況なのである。

いくつか例を挙げよう。「地方創生」＝ローカル・アベノミクスでは、地域金融機関（地方銀行・信金・

1　「骨太方針2015」については、拙稿「『経済財政運営と改革の基本方針（骨太の方針）2015』から読み解く構造改革の現段階—『経済・財政一体改革』とは何か」、伊藤周平「社会保障・税一体改革から経済・財政一体改革へ—財政審建議と『骨太の方針2015』から読み解く社会保障の危機と課題」（いずれも『賃金と社会保障　No．1643　2015年10月上旬号』旬報社、2015年年所収）などを参照。

信組など）の「総動員」が始められている。第2章で詳述するように、自治体と地域金融機関の「結婚」ともいうべき状況が拡がりつつある。つまり財政がひっ迫する地方自治体だけでは「地方創生」は難しいので、地域の有望企業に金融機関が積極的に融資を行い、地域経済を活性化させようという戦略である。

一方、東京では、「地方創生」ではなく、国家戦略特区による規制緩和や都心部再開発による「立地競争力の強化」が目指されている（第3章を参照）。つまり、経済成長の牽引役として東京を位置づけているわけだ。その東京において、昨夏、小池百合子氏が都知事に就任した。小池都知事は「都民ファースト」を掲げ、「東京大改革」を進めることを打ち出している。そのための司令塔として都政改革本部を設置し（２０１６年9月1日）、さらに同年12月末には『都民ファーストでつくる「新しい東京」～２０２０年に向けた実行プラン～』を発表し、これからの都政の政策的な枠組みと方向性を示した。後で詳しく検討するが、都政改革本部の動向や「実行プラン」などを検討すると、小池都政が目指しているのは、安倍政権が進める成長戦略を都政においても連動して進める、あるいは牽引することである。

以上のように、地方においても東京においても、自治体を経済成長のために活用できるようにする改革が進められている。改革の目的が経済成長であるから、自治体はそのために「動員」されるだけの存在になってしまう危険性がある。いうなれば、経済成長の歯車としての自治体・地域ということである。果たしてこれを自治体と呼べるのであろうか。

（2）自治体の役割は住民福祉の向上

以上のような関心から、本書では大きく二つのことを明らかにしたい。第1は、安倍政権が進める改革によって、国家・自治体がどのように変貌しようとしているのかを解き明かすことである。第2は、安倍政権が進める改革の中で、東京都政＝小池都政がいかなる位置を占め、どのような役割を果たそうとしているのかを明らかにすることである。

国家主導型の「地方創生」は、本来、対等であるはずの国と地方自治体の関係を、国の下請け機関としての地方自治体に貶《おとし》めることになるのではないか。言い換えるならば「地方創生」は国による地方自治体の支配を強化することになるのではないか。また、小池都政は「都民ファースト」の掛け声とは裏腹に、格差や貧困、高齢化による医療や介護、そして首都直下型地震などの問題に正面から取組むのではなく、東京成長の起爆剤とするためにさらなる大規模開発を行い、東京をますます住みにくい・生きづらい都市に変貌させてしまうのでないか。安倍政権、そして小池都政をどのように捉えたらよいのか、本書は、そうした安倍政権や小池都政によってますます困難を抱える国民・都民、そして自治体で働く公務員の方々が現状をどのように捉えるべきかの「指針」であると同時に、安倍政権や小池都政に対抗するための「手引き」でもある。

2　安倍政権の改革にはどのような特徴があるのか

(1)「長期政権」としての安倍政権

はじめに安倍政権が進める改革の特徴を明らかにしたい。結論的に言えば、安倍政権が進める改革は、以下の3点の特徴を持っているといえる。

その第1は、安倍政権が、改革に「腰を据えて」取り組むことのできる長期政権であるということである。これは2001年から2006年まで、約5年半にわたって政権を担った小泉政権の特徴と同様である。長期政権だからこそ改革が進むというのは極めて重要な特徴である。安倍政権も小泉政権と同様に、改革の司令塔として経済財政諮問会議（以下、諮問会議と略）を活用している。その諮問会議は、毎年6月頃に「骨太方針」という名の改革構想を提示する。その構想が具体的な政策として遂行されるのは予算としても法律としても基本的には翌年度以降である。遂行された改革を検証し、それがさらに次年度の「骨太方針」に反映され…というように政策サイクルが動いていくには、期間としては2年でも短いくらいである。安倍政権は現在までに約4年が経過しているから、改革推進の政策サイクルが機能するには十分な期間、長期に政権を担っているといえる。

(2) 国家主導による改革と支持調達

第2に、安倍政権の改革は、小泉政権の構造改革（以下、小泉構造改革と略）とは異なり、政策領域全般にわたって国家主導の色彩が極めて濃いことである。ここでいう改革＝新自由主義改革というのは、戦後築かれてきた福祉国家的諸制度を改変し、資本の活動を再び活性化させることが主目的であるから、多かれ少なかれ、国家主導型の改革にならざるを得ない。日本の場合には、西欧の福祉国家諸国に比べて社会保障制度や労働者保護の仕組みが不十分な形でしか整備されなかったとはいえ、それでもその脆弱な福祉国家諸制度が改革の対象であることは言うまでもない。

小泉構造改革では、戦後日本で築かれてきた諸制度の「破壊」が主な政策課題であった。地方分権改革でいえば、三位一体改革が小泉構造改革の下で進められたわけだが、これは一言でいえば、国家の行政責任を地方自治体に丸投げする＝転嫁するという改革であった。そこでは「自律」した自治体像が描かれ、そのために市町村合併が強要され、「強化」された自治体が自己の「裁量」によって行政運営を行うことが目指されたのである。

一方、安倍政権の改革では、そうした小泉構造改革によって疲弊した地域・地方自治体を活用、あるいは「動員」することによって改革を進める姿勢が鮮明になっている。では何故、地域や地方自治体を「動員」する必要があるのか。それは安倍政権の政権基盤が高い内閣支持率とは裏腹に、極めて脆弱であることと関係している。つまり政権基盤を維持するためには、アベノミクスの「恩恵」を全国津々浦々にまで浸透させることが不可欠なのであり、そのためにも「ローカル・アベノミクス」としての「地方創生」政策が推進されているのである。別言すれば、改革による地方・地域の疲弊を「放置」せず（「放置」する姿勢を見せず）、「地方創生」によって支持を調達しながら改革を進めていると言えるだろう。

（3）改革管理手法の緻密化―KPI・PDCAサイクルによる改革の進捗管理

第3は、第2の国家主導とも関連するが、改革の管理が徹底されていることである。詳細は後で触れるが、安倍政権の改革管理手法は、KPI（Key Performance Indicator：業績管理指標）と呼ばれる数値目標を設け、それと改革工程表（PDCAサイクル）を連動させるという形をとっている。これは安倍政権下で出されたさまざまな政策に共通する手法であり、改革の目標を徹底的に管理し、PDCAサイクルを確実に機能させるための手法に他ならない。

こうした改革管理手法を採用しているため、「地方創生」を含めた改革は、今まで以上に国家主導で推進されていると言える。というのは、ＫＰＩを設定した上で改革工程表を作成し、改革の進捗状況を管理するのは政府、具体的には諮問会議などの国の政策会議だからである。

3　政策会議の乱立状況は何を物語っているのか―改革と「動員」の二正面作戦

(1)　政策会議の乱立状況をどう整理するか

以上のように、長期政権による腰を据えた改革の遂行、国家主導による改革と支持調達、改革工程表とＫＰＩによる改革の管理という3つの大きな特徴をもつ安倍政権の改革だが、それが政策会議の乱立状況にも色濃く表れている。

安倍政権においては、小泉政権同様、「改革の司令塔」として諮問会議が活用されてはいるものの、現在、未来投資会議（２０１６年9月に産業競争力会議と未来投資に向けた官民対話を統合して発足）、規制改革推進会議（２０１６年9月発足。規制改革会議の後継）、一億総活躍国民会議、働き方改革実現会議、まち・ひと・しごと創生会議、国家戦略特区諮問会議など、諮問会議以外の政策会議が「乱立」している状況にある。

なぜ政策会議が「乱立」しているのか。それは先ほど述べた安倍政権の改革の第2の特徴、すなわち国家主導による改革と支持調達という特徴に関係している。つまり、改革を進める一方で、改革を進めるための支持基盤の強化＝国民の支持、特に地方の支持を調達するための政策を進めなければならない（進めざるを得ない）のが安倍政権が置かれている状況だということである。[2] そうした状況に国家主導で対応するためにさまざまな政策会議が設置されているわけである。

改革を進めるための政策会議は、国家戦略特区諮問会議を除き、第２次安倍政権発足直後から設置されている諮問会議、未来投資会議（旧産業競争力会議）、規制改革推進会議（旧規制改革会議）である。一方、国民や地域の支持を調達するための政策会議は、まち・ひと・しごと創生会議（２０１４年９月～）、一億総活躍国民会議（２０１５年10月～）、働き方改革実現会議（２０１６年９月～）などであり、これらの政策会議は第２次政権発足から一定の期間が経過してから設置されている。

後者の政策会議が後追い的に次々と設置されたのは、アベノミクスの不振と関係している。というのは、当初はアベノミクスによる景気回復によって国民・地域の支持を獲得し、それを梃子に改革を進めることが想定されていたと考えられるが、実際には思うようにアベノミクスが機能せず、具体的な政策対応を検討せざるを得なくなったからである。あるいは、不振のアベノミクスを補完するために地方創生＝ローカル・アベノミクスが推進されているといってもよい。

(2) 改革をやめることはできない安倍政権

しかし、改革の推進と国民・地域の支持を調達するという二つの役割に基づいて政策会議を分類できると

2　この点については渡辺治「安倍政権とは何か」（渡辺治・岡田知弘・後藤道夫・二宮厚美著『〈大国〉への執念　安倍政権と日本の危機』大月書店、２０１４年所収）を参照。

いっても、安倍政権全体としては改革を推進する立場であることは踏まえておかなければならない。

例えば「働き方改革」については、安倍首相が「働き方改革こそが、労働生産性を改善するための最良の手段。働き方改革は、社会問題であるだけでなく、経済問題です」「働き方改革は、第3の矢、構造改革の柱となる改革であります」[3]と述べていることからも明らかなように、国民の生活にとって同一労働同一賃金や長時間労働規制などの「働き方改革」が必要であるということではなく、労働生産性の向上＝成長戦略の実現のためにそれが必要であると位置付けられている。また、「まち・ひと・しごと創生長期ビジョン」[4]では、「人口減少に歯止めをかけ、『人口の安定化』を図るとともに、イノベーション創出によって生産性を世界トップレベルの水準に引き上げることができれば、２０５０年代の実質ＧＤＰ成長率は1.5～２％程度を維持することが可能と見込まれている。こうした成長力の強化においては、女性や高齢者が社会で活躍し、能力を十分に発揮することをはじめ、日本全体における労働参加が促進され、労働力率が向上することが求められる。また、多様な価値観や経験、技術を持った海外からの人材が日本でその能力を一層発揮してもらいやすくすることも重要である。このように、人口、経済、地域社会の課題に対して一体的に取り組むことにより、将来にわたって『活力ある日本社会』を維持することが可能となる」[5]と述べ、あくまでも地方創生の狙いは経済成長の持続にあるとしている。

このように、地方創生による地域の活性化や「働き方改革」などによって、生活が疲弊した国民の期待に一定程度応える（応えざるを得ない）という側面を持ちながらも、本質的には改革の推進が安倍政権の課題なのである。

４　改革工程表とＫＰＩ――改革推進の徹底

(1)「経済・財政一体改革推進委員会」による改革の管理

先ほど指摘したように、安倍政権の改革の第3の特徴は、改革工程表とＫＰＩの活用によって改革の着実な推進を図っていることである。次にこのＫＰＩを活用した改革推進手法の特徴を検討しよう。

「骨太方針２０１５」は、改革を「確実に」推進するための機構として、諮問会議の下に「経済・財政一体改革推進委員会」（以下、推進委員会と略）を設置するとしたが、この推進委員会こそが、安倍政権下での改革を管理する「司令塔」「旗振り役」として現在、極めて重要な機能を果たしている。

推進委員会は、２０１５年12月24日、「経済・財政再生アクション・プログラム―〝見える化〟と〝ワイズ・スペンディング〟による『工夫の改革』」（以下、「アクション・プログラム」と略）を取りまとめた。[6] 同プログラムはこれまでに2回改訂され、最新版は「経済・財政再生アクション・プログラム２０１６」として、２０１６年12月22日に閣議決定されている。閣議決定されていることかも分かるように、この「アク

3　「第1回 働き方改革実現会議議事録」（２０１６年9月27日）より。

4　２０１４年12月27日、閣議決定。

5　「まち・ひと・しごと創生長期ビジョン」13頁。

6　「アクション・プログラム」については拙稿「『経済・財政再生アクション・プログラム』とＫＰＩ改革：その内容と問題点」（『賃金と社会保障　Ｎｏ．１６５９　２０１６年6月上旬号』旬報社、２０１６年所収）を参照。なお、本章の記述の一部は本稿からの引用であることをお断りしておく。

ション・プログラム」は、政府による正式な改革管理指針である。

ではこの「アクション・プログラム」にはどのような特徴があるのだろうか。その点を検討してみよう。

●改革の前提条件としての「見える化」―「トップランナー方式」の活用

その特徴の第1は、「見える化」という形で財政の費用対効果を地方自治体などの主体ごとに数値として明確化し、各主体間の削減競争の組織化を強調していることである。同プログラムでは「1人当たりのお金の使われ方とその政策の効果を自治体や組織ごとに分析すると、類似した条件下にあっても、上手くお金を使っているところとそうではないところが誰の目にも明らかになる」[7]と述べ、各主体間の差異をあぶりだすとしている。例えば「住民1人当たり行政コスト」の「見える化」である。これによって行政コストの高い自治体は、それが低い自治体に合わせて「行革」（行政改革）を求めるよう圧力がかかる。

この「見える化」を活用した改革の具体的な事例として、「トップランナー方式」による地方交付税改革が挙げられる。つまり行革によって経費節減を進めた自治体を「基準」に、地方交付税の基準財政需要額の水準を決めるということである（図表①）。これは地方交付税制度の根幹を揺るがす事態といわなければならない。すなわち、財源保障機能を果たすべき地方交付税が、行革の梃子として活用されるようになるということだからである。この「トップランナー方式」の対象となる業務は今後さらに拡大されていく予定である。地方交付税の不交付団体である東京都・23区も安穏とはしていられない。今後、都区財政調整制度に「トップランナー方式」が持ち込まれることは否定できないからだ。

7 「アクション・プログラム」（2015年12月24日）1頁。

図表① トップランナー方式（地方交付税）の対象業務

2016年度（平成28年度）に着手する取組み

対 象 業 務	基準財政需要額の算定項目		基準財政需要額の算定基礎とする業務改革の内容
	都道府県	市町村	
◇学校用務員事務 （小学校、中学校、高等学校、特別支援学校）	高等学校費 特別支援学校費	小学校費､中学校費、高等学校費	民間委託等 （現行：直営、一部民間委託等）
◇道路維持補修・清掃等	道路橋りょう費	道路橋りょう費	
◇本庁舎清掃 ◇案内・受付 ◇公用車運転 ◇本庁舎夜間警備 ◇電話交換	包括算定経費	包括算定経費	
◇一般ごみ収集	–	清掃費	
◇学校給食（調理）	–	小学校費、中学校費	
◇学校給食（運搬）			
◇体育館管理 ◇プール管理 ◇競技場管理	その他の教育費	その他の教育費	指定管理者制度導入、民間委託等 （現行：直営、一部民間委託等）
◇公園管理	その他の土木費	公園費	
◇庶務業務 （人事、給与、旅費、福利厚生等）	包括算定経費	包括算定経費	庶務業務の集約化
◇情報システムの運用 （住民情報、税務、福祉関連等の情報システム）	–	戸籍住民基本台帳費、徴税費、包括算定経費	情報システムのクラウド化

2017年度（平成29年度）以降に導入を検討するもの

検討対象業務	基準財政需要額の算定項目		業務改革の内容
	都道府県分	市町村分	
◇図書館管理	その他の教育費	その他の教育費	指定管理者制度導入等
◇博物館管理	その他の教育費	–	
◇公民館管理	–	その他の教育費	
◇児童館、児童遊園管理	–	社会福祉費	
◇青少年教育施設管理	その他の教育費	–	
◇公立大学運営	その他の教育費	その他の教育費	地方独立行政法人化
◇窓口業務（戸籍業務、住民基本台 帳業務、税証明業務、福 祉業務等）	–	戸籍住民基本台帳費、徴税費、社会福祉費、高齢者保健福祉費、保健衛生費	総合窓口・ アウトソーシングの活用

（経済財政諮問会議（2015年11月27日）高市早苗総務相提出資料より抜粋）

●財政再建と経済成長の同時推進

第2の特徴は、地方自治体を主な主体とし、「見える化」を活用して財政再建と経済成長を同時に推進すること＝経済・財政一体改革を進めることを強調していることである。これは現在の安倍政権が進める改革の基本的なスタイル＝「経済再生と財政健全化の二兎を得る道」であり、そのための指針が「アクション・プログラム」に他ならない。「アクション・プログラム」では、財政再建について、「見える化」による財政の費用対効果を明らかにしたうえで「政策効果が高く必要な歳出に重点化すべきである」としている。「歳出を重点化すべき」ということ自体は、これまでの改革関連の政策文書の中で飽きるほど述べられてきたことであるから驚くことではないが、ここで重要なのは「見える化」によって重点化すべき歳出の根拠を数値として示すとしていることである。

経済成長については、「人口減少に伴って、様々な経済活動において自前主義を見直すようになれば、対事業所サービスが新しい産業として伸長することになる。公務の場合には、大胆に適正なアウトソーシングを拡大することによって公費軽減につながる」あるいは「高齢化の加速は、医療・介護関連分野や健康増進の市場拡大につながる。健康寿命の延伸や疾病予防、重症化予防は、医療費の抑制、生産性の向上にもつながり、さらには民間投資の呼び水になるものであり、取組を強化すべきである」[8]と述べているように、公共サービスを民間に委ねることによって公費も削減できるばかりか、市場の拡大によって経済成長も図ることができるので一石二鳥だとしている。

この点に関わって、現在、全国で展開されているのが公共施設の再編である。「人口減少社会」に対応した公共施設の再編を促すため、総務省は全国の自治体に「公共施設等総合管理計画」の策定を事実上強要している。しかし公共施設の再編は単なる自治体財政の節減策として提起されているのではない。公共施設自体をＰＰＰ／ＰＦＩなどを活用して民間開放していくことが大きな目的なのである。「アクション・プログラム２０１６」では、人口20万人以上の自治体において、ＰＰＰ／ＰＦＩを優先的に活用することを促しているし、総務省の「公共施設等総合管理計画の策定にあたっての指針」（２０１４年４月22日）でも、同計画の中にＰＰＰ／ＰＦＩの活用を盛り込むことが望ましいとしている。これが「財政再建と経済成長の同時推進」の内実である。

(2) ＫＰＩとは何か―企業の目標管理指標の政策への持ち込み

●経営管理手法としてのＫＰＩ

では、改革工程表に盛り込まれているＫＰＩとは何であろうか。[9] ＫＰＩとは「成果指標」であり、改革の進捗状況を評価・管理するために数値として示される、定量的に把握可能な指標のこととされる。ＫＰＩはもともと経営管理手法の一つとして生み出され、活用されているものである。企業活動で言えば、目標達成のためにコストや品質、生産性などに関わるＫＰＩを設定し、進捗状況の管理・評価を行うわけである。[10]

8　同前、２頁。
9　改革工程表やＫＰＩの問題点については友寄英隆『アベノミクスと日本資本主義　差し迫る「日本経済の崖」』（新日本出版社、２０１４年）57頁以下を参照。
10　大工舎宏・井田智絵『ＫＰＩで必ず成果を出す目標達成の技術　計画をプロセスで管理する基本手順と実践ポイント』（日本能率協会マネジメントセンター、２０１５年）、大西淳也・福元渉「ＫＰＩについて論点の整理」（財務省総合政策研究所「ディスカッション・ペーパー16Ａ―04（通巻２９３号）」、２０１６年２月）などを参照。

経営管理手法の一つとしてのＫＰＩは、現在、かなり普及しており、上場企業に対するアンケート調査によると、回答のあった268社のうち127社（47・4％）がＫＰＩを活用しているとされる[11]。例えば、ＫＰＩを経営管理に積極的に導入している企業として楽天を挙げることができる。同社では、常に200〜300程度のＫＰＩ候補を設け、そのうちの5項目程度を主に活用して事業の進捗状況を確認しているという[12]。そして「朝会ではＫＰＩを中心とした様々な数値を全社員で共有し、数字に対する意識改革を行なっていく[13]」そうだ。つまり売り上げや利益の向上という企業目標を達成するために、ＫＰＩという数値化された小目標を立て、それを個人レベルにまで展開しているのが楽天の「ＫＰＩマネジメント」なのである。個人レベルのＫＰＩとしては、ＴＯＥＩＣスコアの向上が有名であろう。同社は「英語の社内公用語化」を導入しており、それにともなって社員の英語力の向上がＫＰＩとして設定されたわけだ。

●政策評価へのＫＰＩの持ち込み

こうした企業経営の手法＝数値化された目標管理の徹底こそがＫＰＩの神髄であり、それが今、行革の管理手法としても広がりつつある。政策文書においては、第2次安倍政権が誕生してから初めて決定された成長戦略（『日本再興戦略』2013年6月14日）でＫＰＩによる政策目標の進捗管理が盛り込まれた。

ＫＰＩの導入を強く主張したのが産業競争力会議で民間議員を務めていた三木谷浩史氏（楽天株式会社代表取締役会長兼社長、新経済連盟会長）である。彼は同会議の1回目の会合（2013年1月23日）に「Japan Again」という資料を提出しているが、そこでは国の競争力を高めるために「ＫＰＩを設定し、各ＫＰＩの責任者を明確に定めて、改革を推進するべき[14]」だと訴えている。彼が先ほど触れた楽天における

「ＫＰＩマネジメント」を踏まえてこうした主張を行なっているのは明らかであろう。さらに彼と二人三脚でＫＰＩの導入を主張してきたのが同じく民間議員の竹中平蔵氏である。同会議の2回目の会合では、三木谷・竹中両氏に加え、新浪剛史氏、秋山咲恵氏（株式会社サキコーポレーション代表取締役社長）の４人が連名で「イノベーションについて」という資料を提出し、ＫＰＩの導入を促している。[15] 竹中氏はＫＰＩ導入の意義を「今回の産業競争力会議では、最初からＫＰＩという表現が飛び交った。一部の省庁や官僚が、古いタイプのターゲティングを主張したのに対し、骨太のターゲティングこそが必要であると主張し、結果的にＫＰＩという表現に行きついた。（中略）ＫＰＩは、旧来型の産業政策を否定する議論の中で定着し、逆算方式の中で成果実現に必要な政策措置をとる、という姿勢を示すものだ[16]」と述べており、ＫＰＩが政策を確実に実現するための手法であることを強調している。

そして成長戦略に盛り込まれたＫＰＩが新浪氏を通じて諮問会議にも持ち込まれ、「骨太方針２０１５」並びに「アクション・プログラム」にも反映されたと考えられる。新浪氏が諮問会議の議員となるのは２０１４年9月16日だが、彼が初めて「骨太方針」の策定に関わるのが「骨太方針２０１５」である。

11　前掲、大西淳也・福元渉「ＫＰＩについて論点の整理」10頁。
12　「未踏の海外戦略　泥臭く『ヨコテン』」（『日経ビジネス』（日経ビジネス、２０１２年2月20日号）52頁。
13　同前。
14　第1回産業競争力会議（２０１３年1月23日）の「資料6—9　三木谷議員提出資料」を参照。
15　第2回産業競争力会議（２０１３年2月18日）の「資料4—4　三木谷議員、秋山議員、新浪議員、竹中議員提出資料」を参照。
16　竹中平蔵「政策と時間軸：工程表と行程表」（日本経済研究センター「竹中平蔵のポリシー・スクール」、２０１３年5月28日、http://www.jcer.or.jp/column/takenaka/index493.html）２０１７年2月9日最終閲覧。

２０１５年５月12日にはＫＰＩの導入を促す資料を提出し、５月19日の諮問会議では「ＫＰＩを設定し、骨太方針に盛り込むことを提案する」と発言している。こうして当初、成長戦略に盛り込まれたＫＰＩは、「骨太方針」にも盛り込まれることによって政策全般に普及することになり、改革管理手法のメインストリームになっていったと思われる。

●ＫＰＩを活用したＰＤＣＡサイクルの推進

では、ＫＰＩを活用してどのように改革を管理するのか。ＫＰＩは単なる数値目標に過ぎないから、これだけでは「新しい」改革手法とはならない。重要なのはＫＰＩと改革工程表＝ＰＤＣＡサイクルの組み合わせによる改革の進捗管理である。

図表②は「アクション・プログラム」が構想するＫＰＩを活用したＰＤＣＡサイクルの基本的な考え方を示したものである。まず大きな目標として経済・財政一体改革が掲げる「成長力の強化」や「歳出の抑制」などが前提とされている。そのために必要なのが「公的サービスの産業化」「インセンティブ改革」「公共サービスのイノベーション」の３つの改革であり、それが中心に描かれている。この３つの改革を促すために個々の分野においてＫＰＩが設定され、ＰＤＣＡサイクルによって進捗状況を管理するわけである。ＫＰＩの設定は、「規制改革、アウトソーシング等が行動変化につながっているか」「選択肢の増加、利便性の向上につながっているか」という評価軸に沿って行われる。

図表②に示されたＫＰＩによるＰＤＣＡサイクルを徹底的に管理すること、つまり「ＫＰＩ＋ＰＤＣＡ」による改革の進捗管理が安倍政権の改革手法の新しさなのである。

図表②　KPIとPDCAサイクルによる改革の推進

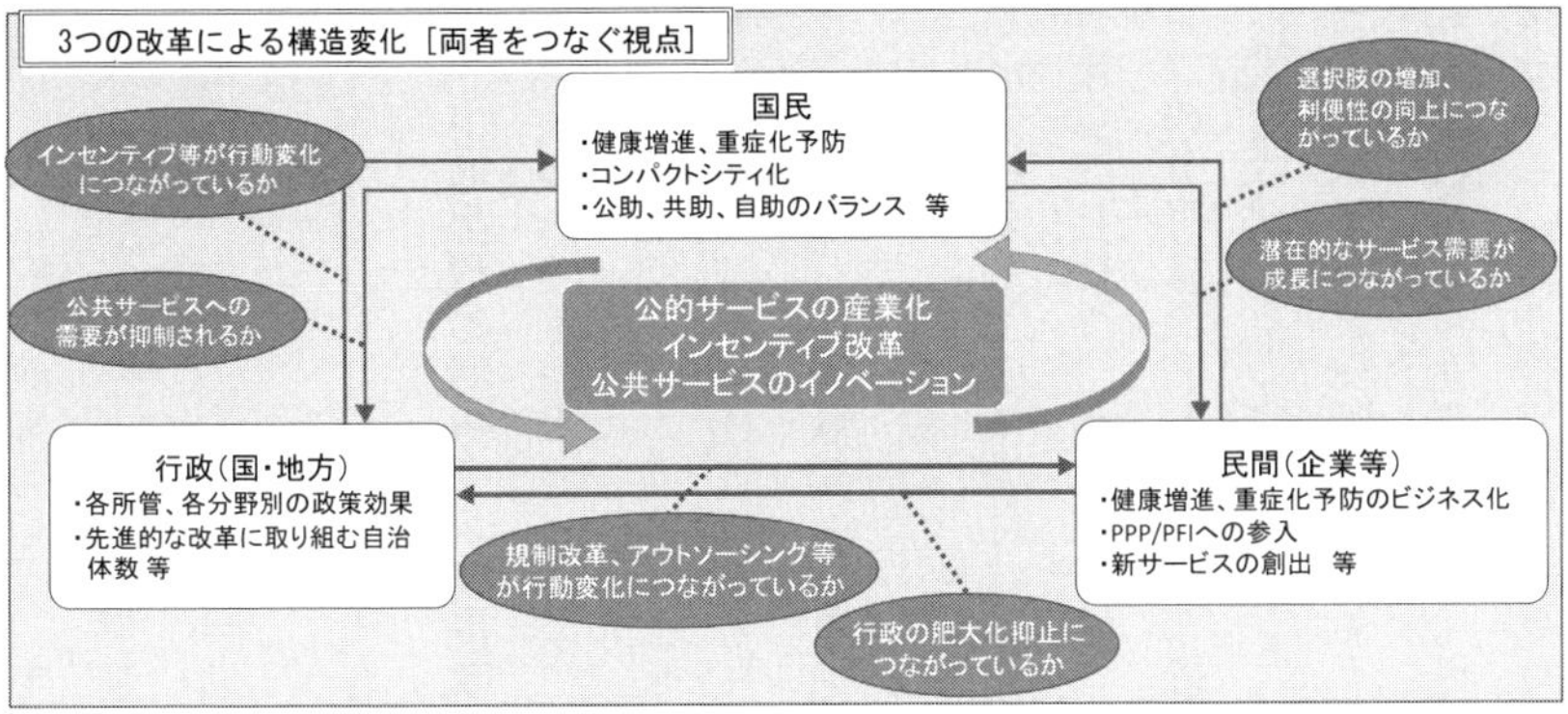

内閣府「経済、財政一体改革のKPIについて」（2015年11月13日）より一部を引用

5　小池都政をどう見るか——「東京」の位置づけ

では、そうした安倍政権の改革の中で、「東京」はどのような位置づけがなされているのであろうか。また、小池都政は改革の中でどのような役割を果たそうとしているのであろうか。次にその点を検討しておこう。

小池百合子知事は、都知事選の時から「東京大改革」や「３つのシティ」構想を掲げていたが、それが現在、都政にも持ち込まれ、具体的な政策として展開されようとしている。また豊洲移転問題、オリンピック問題、自民党都議団との確執など、小池知事の動向や都政の問題が連日マスメディアでも取り上げられており、都民のみならず国民的な関心が高い状況にある。世論調査では、小池知事が率いる地域政党「都民ファーストの会」に「期待する」との回答は66％にのぼり[17]、小池知事の人気は極めて高い。

しかし、こうした「小池劇場」とも言われるような状況の中で、小池都政は果たして「都民ファースト」の名に恥じない政策を展開しようとしているのであろうか。本書で検討するように、小池都政が目指すのは安倍政権と二人三脚で成長にまい進することであり、都政が抱えるさまざまな課題―格差・貧困、環境・エネルギー、防災対策、高齢者や若者の生活支援など―に積極的に取組もうとしているようには見えないのである。一時の「小池劇場」に振り回されて、都政の課題の本質を見失うことがあってはならない。

（1）小池都政の特徴―「成長ファースト」

安倍政権の改革の中で、「東京」がどのような位置を与えられているのか。結論からいえば、それはアベノミクス「第3の矢」＝「成長戦略」の牽引車としての役割を担わせることである。例えば「成長戦略」の中で「東京」は、２０２０年オリンピックの開催都市として重要視されているだけではなく、東京の国際金融センター化、国家戦略特区を活用した国際都市機能の向上、首都圏空港機能強化のための羽田空港の処理能力の向上など、成長の牽引車として明確に位置付けられている。

さらに「東京」の位置付けの強化という点でいうと、昨年の都知事選で小池都政が誕生したことが極めて大きな意味を持つ。小池知事は、昨年末に『都民ファーストでつくる「新しい東京」～２０２０年に向けた実行プラン』を発表したが、この中で強調しているのは、実は「都民ファースト」ではなく、言ってみれば「東京の成長ファースト」である。[18]「実行プラン」は、舛添前知事が２０１４年末に発表した『東京都長期ビジョン～「世界一の都市・東京」の実現を目指して～』にはなかった「東京の成長戦略の方向性」という章を新たに設け、東京都としての成長戦略を独自に打ち出している。[19]そこでは、安倍政権が「ニッポン一億総活躍プラン」で「ＧＤＰ６００兆円」を打ち出していることに符節を合わせるように、「都内ＧＤＰ

１２０兆円」が打ち出されている。また、「国際金融都市・東京の実現」を謳っているのも安倍政権の「成長戦略」に盛り込まれた内容をさらに具体化したものである。さらに国家戦略特区については、わざわざ都庁内に共同事務局を設け、国と都が国家戦略特区を二人三脚で進める体制を整えた。

(2) 地方創生総合戦略との矛盾—「実行プラン」「東京都総合戦略」の独自性

以上のように、小池都政に課せられているのは、経済成長＝改革の牽引車としての役割である。しかしこうした都政の位置付けは、「地方創生」とは矛盾した側面を持つ。つまり、「地方創生」が掲げている「東京一極集中の是正」と「経済成長の牽引車としての東京」とは相矛盾する目標なのである。もちろん、政策文書上は矛盾した記述にはなっておらず、例えば「まち・ひと・しごと創生総合戦略２０１６改訂版」では「地方から東京圏への人口流出に歯止めをかけ、『東京一極集中』を是正するため、『しごとの創生』と『ひとの創生』の好循環を実現するとともに、東京圏の活力の維持・向上を図りつつ、過密化・人口集中を軽減し、快適かつ安全・安心な環境を実現する[20]」と述べていることから明らかなように、「東京圏の活力の維

[17] 読売新聞、２０１７年2月20日付。
[18] 「実行プラン」については、月刊『東京』２０１７年1・2月合併号、ならびに3月号の「『都民ファーストでつくる「新しい東京」～２０２０年に向けた実行プラン』の批判的検討」を参照。
[19] ただし、「実行プラン」に掲げられた各事業の事業費は5兆６１００億円、２０１７年度の事業費は1億４２００億円と、東京都の予算全体（13兆５４２億円・２０１７年度予算案）から見れば約一〇分の一程度に過ぎないので、「実行プラン」のみを取り上げて小池都政を評価することはできない。
[20] 「まち・ひと・しごと創生総合戦略２０１６改訂版」2頁。

持・向上」を一応謳ってはいるものの、主眼は「東京一極集中の是正」である。

しかし東京都が策定した『『東京と地方が共に栄える、真の地方創生』の実現を目指して～東京都総合戦略～」(2015年11月6日策定)では、表題では「東京と地方が共に栄える」としているが、掲げられた基本目標の第一は「世界をリードし、発展し続ける国際都市・東京」であり、東京の成長が重点に置かれていることは明らかである。[21] 具体的には「都は、都心等でのビジネス拠点機能の充実・強化、東京国際金融センター及び国際的なライフサイエンスビジネス拠点の実現といった成長戦略の推進、世界有数の国際観光都市への飛躍、陸・海・空の交通インフラのネットワーク強化などの先進的な取組を行っていく[22]」としており、これは「実行プラン」に掲げられた目標と同様である。つまり「実行プラン」「東京都総合戦略」には、「東京一極集中の是正」という視点がないのである。

このように「地方創生」においては、「東京」と「地方」には別々の役割が与えられていることは明らかであろう。すなわち「東京」には成長の牽引車としての役割を担うことが期待され、国家戦略特区などに見られるように、安倍政権が全面的にバックアップするのに対して、「地方」には人口減少に対応した生き残り競争を促すということである。

(3) 小池都政のキーパーソン―都政改革本部の役割

その「東京」の成長に向けた「東京大改革」の司令塔として位置づけられるのが2016年9月1日に設置された都政改革本部(以下、改革本部と略)である。「都政改革本部設置要綱」では「都民ファーストの都政の実現に向けた改革を推進するため、都政改革本部を設置する」とされ、改革本部が改革の司令塔であることが明確に謳われている。

改革本部の本部長は小池知事だが、東京都の特別顧問（統括）として実質的に改革本部を仕切るのが上山信一氏（慶應義塾大学教授）である。上山氏は大阪府政・市政においても特別顧問を務め、「橋下改革」を牽引してきた人物である。その上山氏は朝日新聞のインタビューに答え、改革の目的を「官から民へ、そして国から自治体への分権化です。役所の仕事のうち、株式会社や財団など独立した経営組織に任せた方がいい分野はまだまだ多い[23]」と述べている。さらに「納税者の視点から質問を（都庁の）各部署にぶつけ、データや根拠を出してもらう。それを過去や民間、他県の実績などと比べて課題を洗い出す。政策評価といわれる手法です[24]」とも述べ、政策評価を駆使して都庁官僚組織の改革を行うとしている。重要なのは、上山氏はこうした政策評価手法を根づかせることに注力していることである。先ほど述べた推進委員会との対比でいえば、政策のＰＤＣＡサイクルを実効性のある形で都庁内に根づかせるということに他ならない。上山氏が改革本部で担う役割は、そうしたＰＤＣＡサイクルによる政策評価・改革を都庁内で定着させることである。

改革本部のキーパーソンとして他に重要なのは鈴木亘氏（学習院大学教授）である。鈴木氏も上山氏と同じく大阪市の特別顧問を務めている。鈴木氏は２０１６年10月４日に都庁内に設置された特区推進共同事務

21　「東京都総合戦略」については、安達智則「『地方分権改革』の終焉と国家・自治体再編にいかに立ち向かうか」（月刊『東京』２０１６年３月号所収）を参照。
22　「東京都総合戦略」11頁。
23　朝日新聞、２０１６年12月21日付。
24　同前、カッコ内は筆者による。

局の事務局長にも就任している。特区推進共同事務局については第3章で詳述するが、同事務局は国家戦略特区の活用を東京においてさらに推進・加速化させるために設置された機構である。小池知事は、鈴木氏がかねてより主張していた「混合介護」を国家戦略特区において導入することを検討すると表明した（2016年11月10日）。そして「混合介護」は2018年度から豊島区において実施されることになっている。言うまでもなく、豊島区は小池知事の地元である。「混合介護」が拡がれば、保険外サービスを購入できる比較的所得の高い層は「充実した」介護サービスを受けることができるだろうが、そうではない低所得者層が十分なサービスを受けられなく可能性がある。

また、都庁内に国家戦略特区の共同事務局が置かれるということは大きな問題である。というのは、端的に言えば、これは団体自治の侵害に他ならないからである。自治体は団体自治に基づいて、時には国に対して意見を言わなければならないこともある。しかし共同事務局のようなものが置かれ、機構上も政策的な連携が行われるということが恒常化すれば、地方自治にとって由々しき事態であると言わざるを得ない。

6　自治体を取り戻す

これまで検討してきたように、安倍政権と小池都政とは、その目標＝成長戦略の推進という点でほとんど同じ方向を向いている。小池知事が自民党（都議会自民党・自民党都連）と対立しているからといって、安倍政権と政策的な方向性が異なるわけではない。この点は強調しておかなければならない。より大きな視点からいえば、グローバル経済の中で日本が競争に打ち克ち、成長し続けるための政策こそが成長戦略なのであり、「東京」はそのための起爆剤としての役割を担っているのである。

第2章、第3章で具体的に検討するように、自治体、そして地域社会が大きく変わろうとしている、あるいは変えられようとしていることを認識しなければならない。自治体、そして地域社会が経済成長の歯車、駒として活用されつつあるのだ。

最初にも述べたように、自治体本来の役割は住民福祉の向上である。そして自治には団体自治と住民自治の二つが不可欠である。その役割を果たすためにも、住民自治を強化し、改革の荒波の中から自治体を私たちの手に取り戻さなければならない。

（川上　哲）

第2章　地域金融を動員した地方創生と東京膨張政策の実像

―「産・官・学・金・言・労・民・士」の地域総動員体制づくり

1 地方創生・国家戦略特区による新しい自治体支配システムの進行

自治体は新しい構造的な変化を政府から強要されている。

2000年代の地方分権改革では、機関委任事務の廃止、市町村合併、財政の三位一体改革、義務付け枠付けの緩和などが取り組まれた。

しかし、その中心的な推進者だった西尾勝氏[1]は、1990年代から続いた地方分権改革は事実上失敗したとの認識を示すようになった。[2]

(1) 地方分権改革の失速から失敗へ

どこが失敗したのか。

1993年の衆参両院の「地方分権の推進に関する決議」を読み返すと、今日直面する課題も明らかになる。1993年の国会決議には「さまざまな問題を発生させている東京への一極集中を排除して、国土の均衡ある発展を図る」と地方分権改革の狙いが記述されている。

東京集中問題は、地方分権改革においては国の政策の中心テーマではなかった。

道州制・大阪都構想・政令指定都市の特別市構想のように地方分権改革は、事務事業をより下位の行政組織へ移すという行政事務の移管論になってしまった。

国の事務を都道府県へ、都道府県の事務を市町村へ移す事務移管論に地方分権改革が動いたために、自治体の政策決定の自由度を拡張するという地方分権改革本来の目的を達成することができなかった。

これを西尾氏は、前者を〝所掌事務拡張路線〟と呼び、後者を〝自由度拡充路線〟と呼んで、後者の〝自由度拡充路線〟が失速したことを指標にして地方分権改革の終焉とした。

筆者を含めた東京の自治を求める政策と運動は、地方分権改革の怪しさを指摘してきた。地方分権改革は民営化・市場化の地方行革としての新自由主義路線が入るためである。指定管理者制度・ＰＦＩ・独立行政法人等が地方行革の手法であった。

歴史的発展を踏まえれば、１９７０年代以来の大都市行政の民主的改革論として、区長の公選制を実現した「自治権拡充」運動と政策が正面に掲げられなければならない。

西尾氏の地方分権改革の総括視点の〝自由度拡充路線〟と「自治権拡充」は近くなった。

地方分権改革の20年が終わって、政府が打ち出しているのが「地方創生」である。正確には「地方創生＋国家戦略特区」と理解をした方がよい。

（2）「地方創生＋国家戦略特区」へと自治体戦略が変更

地方創生はローカル・アベノミクスに連結されていて、安倍首相を含めて与党の政治家達が「東京の繁栄を地方へ」「地方経済の活性化を目指します」と演説をくり返してきた。地方創生によって経済発展してい

1　西尾氏は、行政学の研究者。東京大学法学部名誉教授。著作には『行政学』（有斐閣）、『未完の分権改革』（岩波書店）等がある。

2　拙稿「『地方分権改革』の終焉と国家・自治体再編にいかに立ち向かうか」（月刊『東京』２０１６年３月号）所収、地方自治制度研究会『地方分権　20年のあゆみ』（ぎょうせい、２０１５年）などを参照。

る東京のようにすることができる、これが地方創生を進める論理である。

では、地方創生は東京集中是正を行う政策なのだろうか。そうではない。地方創生の担当大臣は、地方創生と国家戦略特区をどちらも所管する。次期自民党総裁を狙っている石破茂氏は、地方創生・国家戦略特区の担当大臣時代に「地方も発展して、東京も発展する」という二元発展論を展開していた。

現在の山本幸三担当大臣は、さすがに、公式発言では二元論は影をひそめ、地方創生に重点を置く地方発展説を主張している。それは人口と企業の東京集中が止まらず、地方の人口減少が続いているためである。

国家戦略特区によって、事実上、東京集中は続いている。ゼネコンなどの資本による東京都心・駅周辺の規制緩和された再開発が進められているためだ。２０２０年の東京オリンピックは都心開発を加速化させている。

従来の構造改革特区は、自治体から要望をする規制緩和の特区だった。構造改革特区は、小泉政権の時に自治体からの申請を受けて認定されていった。２００３年の第1弾では、東京都・横浜市の国際港湾特区による24時間稼働、山梨県はワイン産業振興特区でワイン業者による農地利用の自由拡大等が、教育・福祉・医療の分野にまで広がっていった[3]。社会的な規制緩和は、企業の活動の自由化促進に直結する。

国家戦略特区は、その名の通り、自治体からのボトムアップではなく、国家によるトップダウン型の規制緩和政策である。そのため、国家戦略が社会と自治体に露骨に反映する。代表的な事例は、「混合診療」であり、東京都心の「再開発」である。

東京都心の「再開発」は、建物規制が緩和されているために「超高層ビル」が建設されている。ここにはヒューマンなスケールで都市を計画する思想は不在であり、国と東京都と大手ゼネコンが密接化した利権の温床になっている。

また「混合診療」に指定された特定の地域の病院は、診療報酬としては認定されていない治療行為（「保険外併用療養に関する特例」）が、公的保険の診療と重なって行われる。また特区に指定された病院（慶応義塾大学病院・順天堂大学医学部附属順天堂病院等）では、日本の医師免許を持たない外国人医師の従事も可能となっている。

自治体は、地方分権改革から「地方創生＋国家戦略特区」へと、局面が大きく変化している。この実態を明らかにしなければならない。

（3）国土政策も東京集中容認

地方人口減少・東京集中社会への対応として、働き方の改革も必要、人口の地方移動も必要、政府機関の地方移転も必要など、東京集中是正の政策は、体系的に「まち・ひと・しごと創生総合戦略」でも取り上げられている。

では、国土計画はどうか。

戦後の全国総合計画は、地域格差是正・所得格差是正が目的の一つだった。全総が終わり、現在は「国土形成計画」になって、「国土のグランドデザイン」を国土交通省は発表している。確かに「コンパクト＋ネットワーク」は、地方都市の今後の発展傾向を示唆している。しかし、この「コンパクト＋ネットワー

[3] 内閣府地方創生推進事務局「認定された構造改革特別区域計画」参照。第1回認定申請は、２００３年４月21日。第41回認定申請は、２０１６年11月29日。第41回特区は、ワイン特区やどぶろく特区等が続いている。

ク」型国土形成は、二次的な位置づけであり、一次的には東京と名古屋（最近は大阪を入れる）を広く包み込んだ「スーパーメガリージョン」がグローバル化した日本資本主義の国土構想では優先になる。

「スーパーメガリージョン」は、「世界から人・モノ・カネ・情報」を引きつけ、「世界を先導する」役割になっているからである。東京と名古屋をつなぐ「リニア中央新幹線」は「スーパーメガリージョン」地帯に建設される。

全総以来、東北地帯は経済発展の中心的な地帯ではなかった。そのために電源供給や部品の製造地域として、太平洋ベルト地帯を支える役割に特化されてきたと言ってもよい。だから、福島県や新潟県には原発が建設された。そこから東京圏域へ電力が供給されてきた。

しかし、３・11が発生して、東京集中の国土構造、エネルギーの供給地帯としての東北地帯の従来の国土構造については見直しが行われると想定するであろう。

国土交通省の政策を分析した結果は、根本的な見直しは行っていないと結論づけるしかない。

全国的な計画は「広域地方計画」に分割される。これが見直されたのは、7年ぶりのことになる（日経２０１６年4月18日）。この「広域地方計画」は、「東北圏」「首都圏」「北陸圏」「中部圏」「近畿圏」と区分されてきた。

従来の「広域地方計画」に修正が加えられた。その修正とは、「新首都圏広域地方計画」（・は筆者）を策定したことである。[4] 従来の「首都圏」は、東京都・神奈川県・埼玉県・千葉県・茨城県・群馬県・栃木県・山梨県。

「新首都圏広域地方計画」は、従来の首都圏に加えて、福島県・新潟県・長野県・静岡県が加わる。人口

図表①　「新首都圏広域地方計画」の考え方

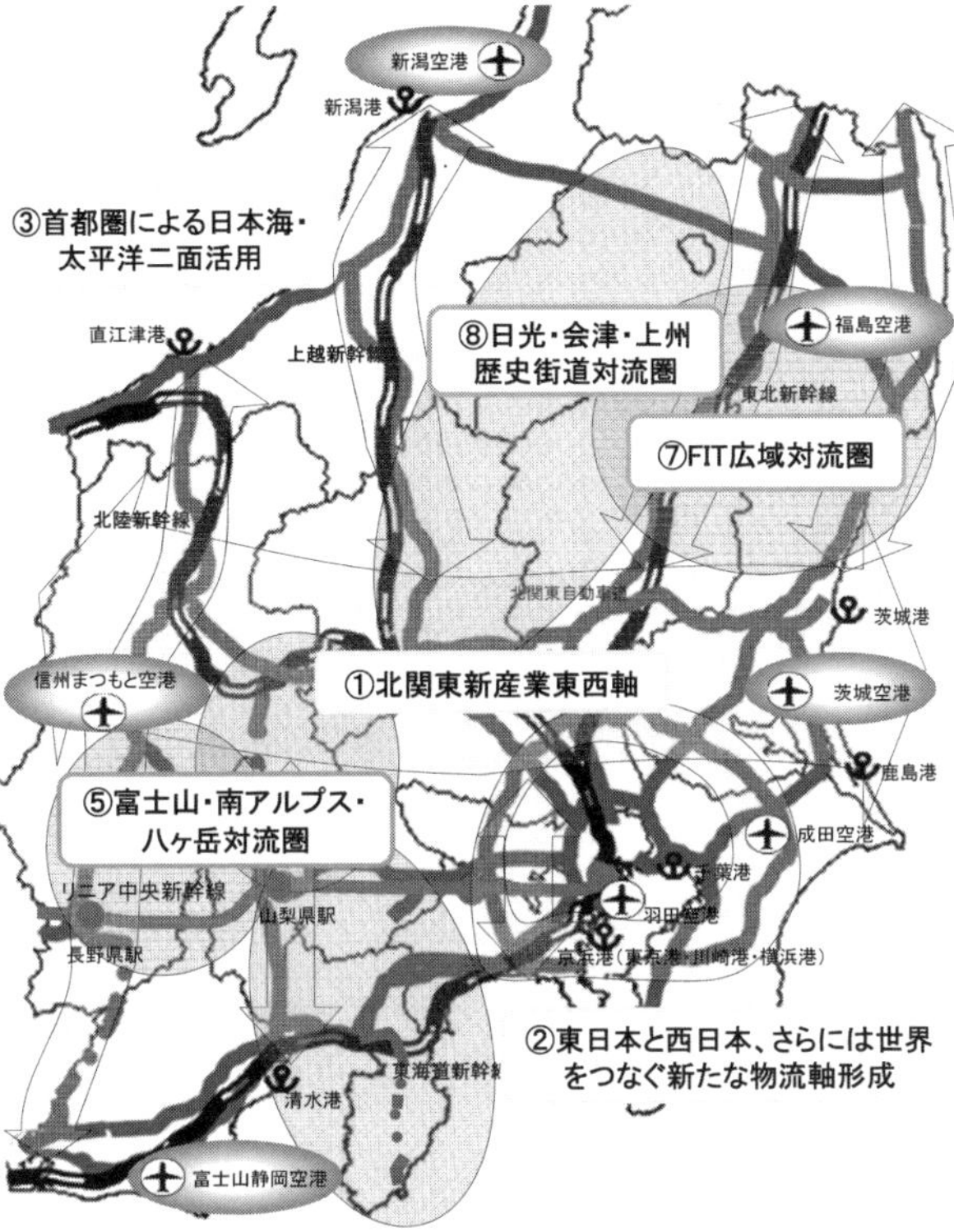

首都圏広域地方計画協議会「首都圏広域地方計画」（2015年3月）より抜粋

は、従来の首都圏が、４４００万人。新首都圏は、５４００万人になり、面積10%に人口比率34%がひしめくこととなる。

東京集中が問題視されている中で、なぜ新首都圏の「東京拡張」路線が出てくるのか。誰のための「東京拡張」路線なのだろうか。

国土交通省で注目される政策は生産性向上についてである。通常考えられてきた経済性生産性向上や労働生産性向上に限定せず、「インフラ生産性向上」を国土交通省は追求する。

『平成27年度国土交通白書』では、「我が国の経済成長を支える国土交

4　国土交通省「首都圏広域地方計画―対流がもたらす活力社会の再構築」（２０１６年３月）を参照のこと。

通行政の展開」として、「生産性革命をもたらす戦略的なインフラマネジメント」を打ち出した。

「生産性革命」というのは、人口減少・高齢化のため、経済成長のためには技術革新を含む生産性向上が重要になるとして、例えば「道路移動時間の約4割が渋滞に費やされている状況など、社会の『ムダ』を減らすことにより、経済活動や国民生活を向上させることができる」とする。

社会の生産性向上とは、道路や港湾や空港などのインフラ整備を充実させることである。成功例としては、宮崎県日向市の細島港が国土交通省から例示されている。東九州自動車道と細島港を整備して、ネットワークが完成したために、物流機能が高くなり地方の港から海外輸出の拠点が整備された。その効果として中国向けの国産木材輸出が増大した。これは地場産業の再生に役に立つ。このように、インフラ整備による物流のルート開発による時間短縮が社会の生産性向上とされている。こうした成功例を出して、次なるインフラ整備の根拠を生産性向上に求めている。

車の渋滞が頻発して、その交通現象が多発するインフラ効率性が低い地帯は首都圏である。つまり、社会の生産性向上が一番必要とされるのは、地方都市ではなくて東京・首都圏・新首都圏ということになるのではないだろうか。

この「生産性革命」を遂行するために、国土交通省内に「生産性革命本部」が、行政組織として生まれた。行政組織に「革命」が付与されるほどに、国家官僚達の間には浮き浮きした気分が横溢している。安倍政権内の一部の国家官僚達は、〝革命〟を起こしていると自負しているのであろうか。

ここに「自治体インフラの民間化」が結合する危険性はないのだろうか。国土交通省は自治体の支配を強化して、公的サービスの産業化を促進しようとするのではないのか。

（４）地方創生は、ローカル・アベノミクスと密接不可分

２０１６年の参議院選挙において安倍政権は、「憲法改正」を隠して「アベノミクスをふかす」「地域へアベノミクスの恩恵を」と訴えて勝利した。本格的な野党共闘も行われた中で、「経済の安倍」が国民への公約であった。

自治体は、憲法をないがしろにする強権的な安倍政権に対抗するのではなくて、政権を支えるための純朴な下部機関であることが政府から期待されている。米軍基地撤去を求めて県民が立ちあがる沖縄県のようにはなってほしくないと言うのが、政府の本音である。

それだけではない。ＧＤＰ２％成長のアベノミクスの国民への公約を実現するために、自治体の協力を必要としている。異次元の日銀の金融政策、量的緩和による財政出動、ＩＴ活用による第４次産業革命の成長戦略が、アベノミクスの３本の矢である。しかし、ＧＤＰ目標値の経済成長は実現していない。

その補強策が必要とされた。それはローカル・アベノミクスとして、地域経済の総合的な活性化を実現するために、自治体の全面的な協力を必要としている。地域経済を好循環にする活性化は、「ローカル１０００プロジェクト」「分散型エネルギーインフラプロジェクト」「自治体インフラの民間開放」が、地方創生の具体策として掲げられている。

「自治体インフラの民間開放」の具体化は、「公共施設等総合管理計画」づくりが、各自治体で進行中である。公共施設の老朽化と人口減少のために公共施設の縮小が必然であるとして、全国の自治体で「公共施設等総合管理計画」が策定中である。この計画は多くの問題点を抱えている。その一つが、計画の手法として、

公共施設の総面積を出して、その総面積を参照にしながら人口減少に見合った〝施設面積縮小率〟を計算することである。公共施設の目的や必要とされる施設面積基準等は考慮されていない。このような「公共施設等総合管理計画」が出されている。

この「公共施設等総合管理計画」の根っ子には、「インフラ＝公共施設」の「民間開放＝企業への売却・市場化」も目指されている。そして、総面積を計算すると、小中学校の面積がどこの自治体も最大になるために、小中学校の統廃合計画が「公共施設等総合管理計画」と抱き合わせで出てきている。

教育的な配慮や施設老朽化のために「学校を統廃合」するのではなく、地域経済の好循環、市場による民間地域経済活性化のためにこそ、「自治体インフラの民間開放」の政策手段として「公共施設等総合管理計画」が存在している。

アベノミクスはこの地域経済好循環を推進する自治体へ期待をしている。

そして、地域経済好循環実現のために、「公的サービスの産業化」へと自治体を変容させる戦略が採られた。「自治体インフラの民間開放」や「ローカル10000プロジェクト」が政策の仕掛けとして、トップダウンで政府から自治体へ強要されている。

自治体だけでは、ローカル・アベノミクスは成功の見通しがない。東京圏域の自治体財政は、人口集中・企業集中のために財政状況は良好である。しかし、地方都市の財政は豊かではない。弱点を補強する目的として日本の財政・金融政策としては初めてとなる、地域金融機関をローカル・アベノミクスに動員し始めている。

（5）地域金融機関と自治体の「結婚」

地域金融は、自治体と「包括協定」を結んで、これまで「自治体の公債」の引き受け手から脱却して、銀行・信金・信組が地域再生の「先陣」を切ることが、政府から求められている[5]。

分かりやすく表現すると、自治体と金融の「結婚」。しかも強制的「結婚」が進行中である。強制的「結婚」とは、金融機関に対して、これまでの担保・保証による融資ではなくて、自治体の公信用を背景にして、将来性があると「思われるプロジェクト」に対しては、思い切った融資をすることである。

金融行政の指導により、金融機関は不良債権の削減と称して、90年代「貸しはがし」が横行した。中小企業は、融資を「貸しはがし」されたために倒産に追い込まれた会社は少なくない。

それを棚に上げて「将来の成功の事業性があるプロジェクトには、融資をするように」と金融庁は地域金融機関に迫っている。２０１６年9月の安倍首相の所信表明は、「未来への投資」と言い、それを受けて立ち上がった会議体は「未来投資会議」という。この「未来投資会議」は、日本資本主義のグローバル化への対応だけではなく、地方の保守基盤の足元を支える役割も期待されている。明るさが灯らない「地域経済崩壊」からの脱出へ向けた安倍政権なりの政策的対応の側面がある。

5　アベノミクス批判の著作・論文は多数存在する。従来のアベノミクス批判には、地域経済政策分析が不足している。アホノミクス・チームアホノミクスと分かりやすく批判をしている浜矩子の近著、佐高信との対話による『どアホノミクスの正体』（講談社＋α新書、２０１６）においても、ローカル・アベノミクスの評価は出ていない。分かりやすいアベノミクス批判に加えて、自治体・地域経済論・金融論の研究者による、ローカル・アベノミクスの総合的検討が求められている。

そこに、地域金融が動員され始めた。過去の担保・保証による融資から、未来可能性があれば、自治体の公金と併せて民間金融も融資をして、経済活動のプロジェクトを起こす。

自治体の方は、金融機関のノウハウ（貸し出しの目利き力）を自治体行財政に反映させていく「包括的な行政改革」に取組む。次節で紹介するが、前橋市と群馬銀行の「包括協定」、豊島区と巣鴨信金との「包括協定」等々、日々増大中である。

2　地域金融と自治体の強制的「結婚」—地域金融の未来型投資と自治体への侵入

(1)　未来型投資戦略は地域経済を救済するのか

自治体と地域金融との強制的「結婚」は、内閣府の「未来投資会議」や「まち・ひと・しごと創生本部」の地方創生戦略だけが進めているのではない。地域金融機関の指導官庁である金融庁の路線転換が、強制的「結婚」を加速化している。

その金融庁の路線転換が鮮明になったのは、「平成28年度事務年度・金融行政方針」（２０１６年10月）である。この金融行政の転換のロジックは、次のようにまとめることができる。

現状の日本の銀行・信金等が行っている貸し出しの現状に対し、「日本型金融排除」があるのではないか、と自問自答した。そして、現状の金融機関による貸し出しの実態は、担保・保証が重要で「慎重に慎重にお金を融資」している。これは、誰でも銀行からお金を借りるときに経験することである。公務員は別格として、普通のサラリーマンは、住宅ローンを借りる際には、土地や建物などの担保がなければ、購入するマンションを担保にして、お金を借りることになる。

テレビでは、地場の中小企業を救済する「銀行家・半沢直樹」が視聴率を取ったが、それは現存しない夢をテレビドラマに投影させたためだろう。町場に、半沢直樹はいない。

こうした「慎重に慎重に」なっている日本の貸し出しを金融庁は、「日本型金融排除」として、図表②「日本型金融排除のイメージ図」を示した。

この図のツボは、「事業に将来性がある先」「地域になくてはならない先」を「金融排除」と指摘したことである。こうした「事業将来性」を排除したり、「地域に必要な事業（例：学校・特養・地域公共施設）」を排除したりせずに、〝融資可能〟として、捉え直すことが必要であると金融庁は強く訴えている。[6]

(2) 金融庁の大転換

金融庁は、根強い「日本型金融排除」から、将来性のあるプロジェクトには「積極的に融資」をするような路線の大転換を宣言した。それを金融庁は、「共通価値の創造」と呼称する。

「共通価値の創造」は、「金融機関が、・・企業の生産性向上や国民の資産形成を助け、結果として、金融機関自身も安定した顧客基盤と収益を確保する好循環」のことを言う。

6　地方創生と地域金融と事業性評価融資についての金融側の実情は、岩崎俊博編『地方創生に挑む地域金融』（金融財政事業研究会、２０１５年５月）、中村中『事業性評価─最強の貸出増強策』（ビジネス教育出版社、２０１６年９月）、あおぞら地域総研株式会社『地域金融機関による事業性評価と地方創生』（金融財政事業研究会、２０１６年12月）参照。なお、読売新聞は「地方を興す　かわる金融」の連載を1月31日から始めている。同新聞上で金子金融庁長官は、担保主義を批判して、未来型投資への転換を明言している。

図表②　「日本型金融排除」のイメージ図

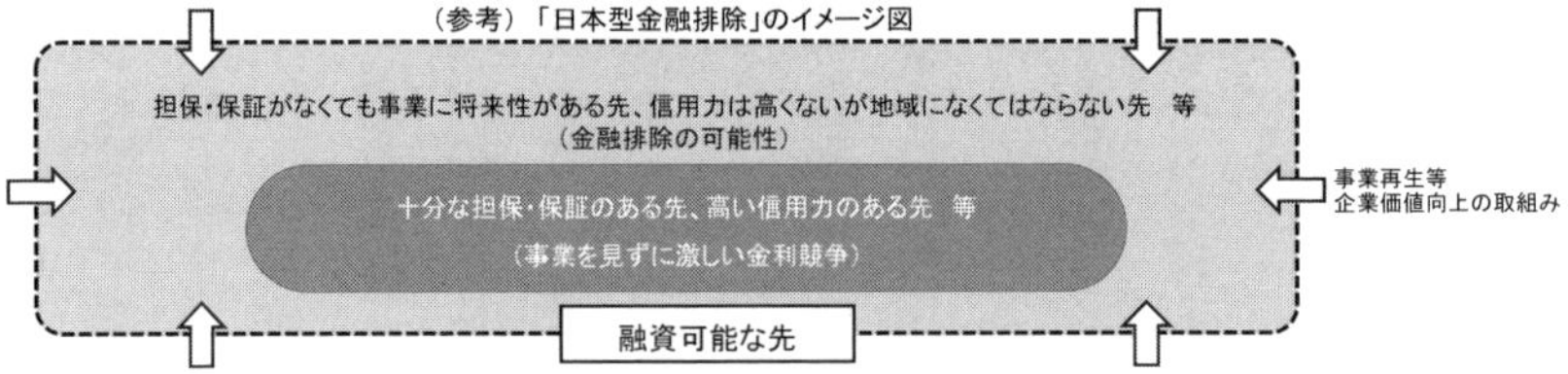

金融庁「平成28事務年度金融行政方針概要」（2016年3月）より板粋

金融庁が、独自に将来性のある地域プロジェクトへ融資をするように大転換をしたのではない。

『日本再興戦略』と同時歩調で金融行政の転換を進めた。

『日本再興戦略・改訂２０１４』（２０１４年６月24日）は、「地域活性化／中堅企業・中小企業・小規模事業者の革新」のために「地域金融機関等による事業性を評価する融資の促進等」が、金融庁のアベノミクスの「仕事」として指摘された。

『日本再興戦略・改訂２０１５』（２０１５年６月30日）は、「株主コミュニティ制度」や「地域活性化・事業再生ファンド」へと具体的な制度・事業へと金融行政の「アベノミクス＋ローカル・アベノミクス」支援への政策の洗練化がある。さらに『日本再興戦略・２０１６』（２０１６年６月２日）は、ローカル・アベノミクスを視野に入れた未来投資に向けた制度改革として「攻めの経営の促進」を謳い、「金融仲介機能の質の改善」を求めた。この「金融の質の改善」は、「我が国産業・企業の競争力・生産性の向上を金融面から支援」することである。

この『日本再興戦略』の２０１４から２０１６は、『骨太方針２０１４』の「公的サービス産業化」「インセンティブ改革」「トップランナー方式」を進める「ＫＰＩ」設定とＰＤＣＡサイクルと合致して、３年間を集中的な取組みとしていることも偶然ではない。

まだ記憶に残っている参議院選挙中の安倍氏演説の「未来への投資」「アベノミ

クスをふかす」は、このような金融行政の転換が含みになっていたのである。

金融行政の転換は、地域経済の活性化を目指すためであった。地域経済の活性化は地域金融だけで実現できるわけではなく、自治体と金融を政策的に結合させて、一方の公信用に基づく自治体財政出動、一方の私信用にもとづく金融融資出動の結合体が、地域経済の再生に主要な役割を担っていく戦略を打ち出した。

自治体と金融の連結を例えると、「お見合い」（２０１４）から、強制的「結婚」（２０１６）へと金融行政の路線を大転換した。

（3）ダブつく預金を地方創生に活用

アベノミクスの矛盾は地域金融機関を直撃している。

アベノミクスの第一の矢は、日銀による国債購入・ゼロ金利等による異次元の金融政策である。唯一国内通貨を発行できる日銀には、通貨管理政策と利子率調整の政策が任されている。政府は、赤字国債発行を原則、財政法で禁止されている。日銀は政府の財政政策に従ってはいけない。

それは日銀が、戦前、国債を無制限に購入することで戦費調達を行ったために、その反省があるために、日銀は政府に対して中立を守り、原則として国債購入は厳禁事項であるからである。

しかし、歴代自民党政府は、赤字国債を発行して公共事業を行い、先進国で最大の赤字を抱えた。その赤字国債は、毎年１００兆円超の規模で、特別会計を使って借換を行う。綱渡りの財政運営であることは、多くの論者が指摘している通りである。

そのアベノミクスの金融政策は、地域金融機関に矛盾を蓄積させた。国債を保有していた地域金融機関は、

図表③　都道府県の「預貸率」比較表

地域	地域特性	1998年（α）	2013年（β）	1998 = 100 β／α
北海道	最北	99.79	64.21	64.3
秋田県	人口減少県・第1	61.45	52.28	85.1
福島県	人口減少県・第2	75.81	47.09	62.1
東京都	大都市	129.53	84.04	64.9
神奈川県	大都市	81.93	49.93	60.9
愛知県	大都市	80.77	49.36	61.1
大阪府	大都市	121.89	64.37	52.8
徳島県	地方県	62.19	41.48	66.7
山口県	地方県	65.64	47.14	71.8
沖縄県	最南	84.58	70.40	83.2
全国平均		97.95	64.67	66.0

（注）　預貸率は、「預金総額と貸出金を比較する。預金／貸出金」。
高い数字ほど、融資活動が盛んであることを示している。低いほど、融資が低調であることを示す。
尚、この預貸率には、信用金庫と信用組合を含まない。これらを含めると、預貸率は下がる。
（出所）「都道府県別預貸率（国内銀行）、『地域の元気想像プラン』（総務省地域力創造グループ地域政策課）所収

日銀の国債購入とゼロ金利のために、手元流動性の高い経営体質へと転換した。つまり、それまで安定的な国債金利を収入として計算できたことが、できなくなった。その代わり、現金等の使いやすい金融商品が手元に蓄積していった。

担保・保証をみて慎重に融資するように金融庁の指導があったこと、人口減少による地域市場の縮小も重なり、地域経済は停滞・衰退しているのだから、融資先も縮小が止まらない。東京集中は止まらず、地方との地域格差は２０００年以降も広がっていく。地方銀行・信金・信組は、経営危機の直前の状況に追い込まれている。

そうした「負のスパイラル」は、預貸率の都道府県比較でも証明することができる（図表③）。

人口減少が３・11の被災地である福島県よりも激しく進むのは秋田県である。原発からまだ癒えることができない福島県。それに、大都市部の東京都・神奈川県・愛知県・大阪府を取りあげる。日本列島の北と南の北海道と沖縄県。中四国からは、消費者庁の移転の実験となっ

た徳島県と安倍総理の出身地の山口県。この10都道府県の預貸率の比較をした。

預貸率は、Ａ銀行が保有する預金をどれくらい貸し出し（融資）ているかの指標である。銀行業務の基本的な判断指標の一つである。計算式は、預金／貸出、で求める。

従って、預貸率の数字の解釈は、高い数字であるほど、銀行業務が活発であることを示し、低い数字であれば預金が銀行内に滞っていて低迷していることを示す。

図表③では、１９９８年と２０１３年の比較をした。

人口減小の秋田県は、１９９８年で61・45と低く、全国平均の97・95にははるかに及ばない。２０１３年になってそれがさらに下がり、52・28と業績の回復基調には遠い。福島県は、３・11以前は75・81だったが、震災後は50を割り込み47・09と低迷が続く。

中四国の徳島県と山口県は、１９９８年で全国平均よりも低く、２０１３年は徳島県は福島県の預貸率を下回っている。２０１３年の徳島県は、41・48。山口県は、47・14。安倍総理のお膝元の山口県の地域金融機関は、アベノミクスにより預貸率が下がり、融資をしたくても従来の金融行政の枠内では、地元中小企業の再生を支えるような融資をすることができない。

では、大都市部はどうだろうか。１９９８年の東京都と大阪府は、いずれも１２０を超えていた。預金よりも貸出額が20％も多いのだから、都市経済循環を活性化させる機能を果たしていた。それから、２０００年代を経て２０１３年の預貸率は、東京都も落ちて84・04。これは、一部メガバンク以外の銀行は、融資先に困り始めていることを示す。

大阪府は64・37と半減した。大阪経済の落ち込みと大阪資本の東京への集中の反映であろう。２０００年代以降も東京集中は、大阪資本も含めて止まっていない。

神奈川県・愛知県も2013年は、50を割り込んだ。北海道は全国平均の動きであり、沖縄県は、2013年は全国平均よりも上で、70・40となっている。減少傾向ではあるが、他と比べると緩やかな落込みである。

全体として1998年から2013年は、地域金融の低迷が深刻化していると言えるだろう。大都市部も中四国地域も東北地域も、お金を借りて事業を興す、日本再興の芽を見つけることは至難の業になっていた。

こうした金融の実態を見れば、従来の金融行政では、デフレ経済の回復は展望できない。新産業育成・事業拡張には、産業の血液である「お金」が循環しなければ実現できない。

「骨太方針」は、小泉政権下では国家予算の方針への提示が主たる任務だったが、安倍政権の「骨太方針2014」は、成長戦略と結びついて、3年の国家改造戦略の要素をもった。さらに一億総活躍社会のスローガンに見られるように、公信用の財政と私信用の金融を含めた自治体と金融の強制的「結婚」へと「総資源動員体制」へ、安倍政権は未知の世界へ突入していった。

（4）自治体と金融の「結婚」の事例検証

●人口減少日本一の秋田銀行の取組み

秋田銀行は、「まち・ひと・しごと創生総合戦略」（2014）を受けて、営業部内に「『あきた』創生推進サポートチーム」を設置。秋田銀行は、すでに活動しているシンクタンク「秋田経済研究所」に加えて、地方創生促進のために100％子会社の「株式会社あきぎんリサーチ＆コンサルティング」（以下、ＡＲ

C）を設立した。リサーチ&コンサルティングの名称にも、秋田銀行の地方創生へのコミットの戦略を推察もできる。[7]

果たして推察の範囲内だったかと言えば、それを超えたコンサル等の活動が行われていた。自治体は、政府から「まち・ひと・しごと創生」のために、「地方創生総合戦略」と「人口ビジョン」の策定が、半ば強要されてきた。

秋田銀行の子会社・ＡＲＣは、県内11の自治体の「地方総合戦略」と「人口ビジョン」策定の受託を受けた。加えて県内13自治体と「子育て支援ならびに定住促進に関する協定」を結んで、子育て世帯への「子育て支援特別金利」で住宅ローンをつくったという。

若者への支援も自治体と連携している。大館市は、市民アンケートを通して、若者の結婚について、金銭面の支援を求めていることが判明したとして、秋田銀行と相談をして、結婚資金の支援策として「大館市ブライダル資金利子補給助成事業」を策定した。

資金を借りることができるのは、結婚をする当事者だけではない。

その若者の親も「ブライダル資金」を借りることができる。銀行側の知恵というのだろうか、ブライダルローン利用者は親が多いそうだ。そこで、大館市も、結婚の本人だけではなく、親も制度の対象にした。この親も借りることができる「ブライダルローン」は、結婚促進に貢献できるのだろうか。住宅ローンを

7　根本悟「人口減少と超高齢化社会に向き合う当行の取組み～ブランドスローガン『創りたい未来がある。守りたい故郷がある。』を胸に～」、『事業再生と債権管理』（金融財政事業研究会、２０１６年7月5日、きんざい）参照。秋田銀行と秋田市等のＨＰ参照。

域内消費（域内の需要）

１．代替サービス
（資金の流出を防ぐ）
（参考モデル）
・北海道芦別市
・徳島県　その他）

２．新サービス
（比較的固く見込める）
（参考モデル）
・佐賀県江北町
・兵庫県養父市　その他）

域外消費　（リスク大）

１．観光などの域内販売
（域内交流人口の活用）
（参考モデル）
・石川県輪島市
・埼玉県秩父市　その他）

２．新商品など域外販売
（一次産品等の高付加価値化）
（参考モデル）
・青森県青森市
・東京都町田市　その他）

モデル図

借り、車ローンを払い、大学に出すために教育ローンを借り、最後は結婚のために自治体が関与したブライダルローンを親が借りる。

人口減少日本一の秋田事情の反映もあり、自治体も金融機関も親も必死であることは、切実に伝わってくる。

●青森市と青森銀行の「ナマコ」地域おこし

総務省によるローカル・アベノミクスの取組みは、「地域元気創造プラン」として、総務省内の「地域力創造グループ地域政策課」が所管している。ここが、「ローカル１００００プロジェクト」の作戦本部になる。１７００超の自治体で、１万の地域経済活性化・新しい経済循環のためのプロジェクトを立ち上げることは、容易なことではない。

それは地方経済の低迷・衰退への対応策として、すでに紹介した自治体と金融の強制的「結婚」の持参金とでも言える「地域経済循環創造事業交付金」（国の補助金のこと）を取り扱っている。申請書の様式が、興味深い。

「２　融資について地域金融機関との協議が整っていない事業にあっても、実施計画書別記様式には調整状況を適宜記載」とあり、金融が融資を決めていなくても、補助金を出す用意があることになっている。手厚い国の補助金行政である。早く結婚してほしいので、持参金は用意してあります、と聞こえる。

図表④　青森市の取組み事例

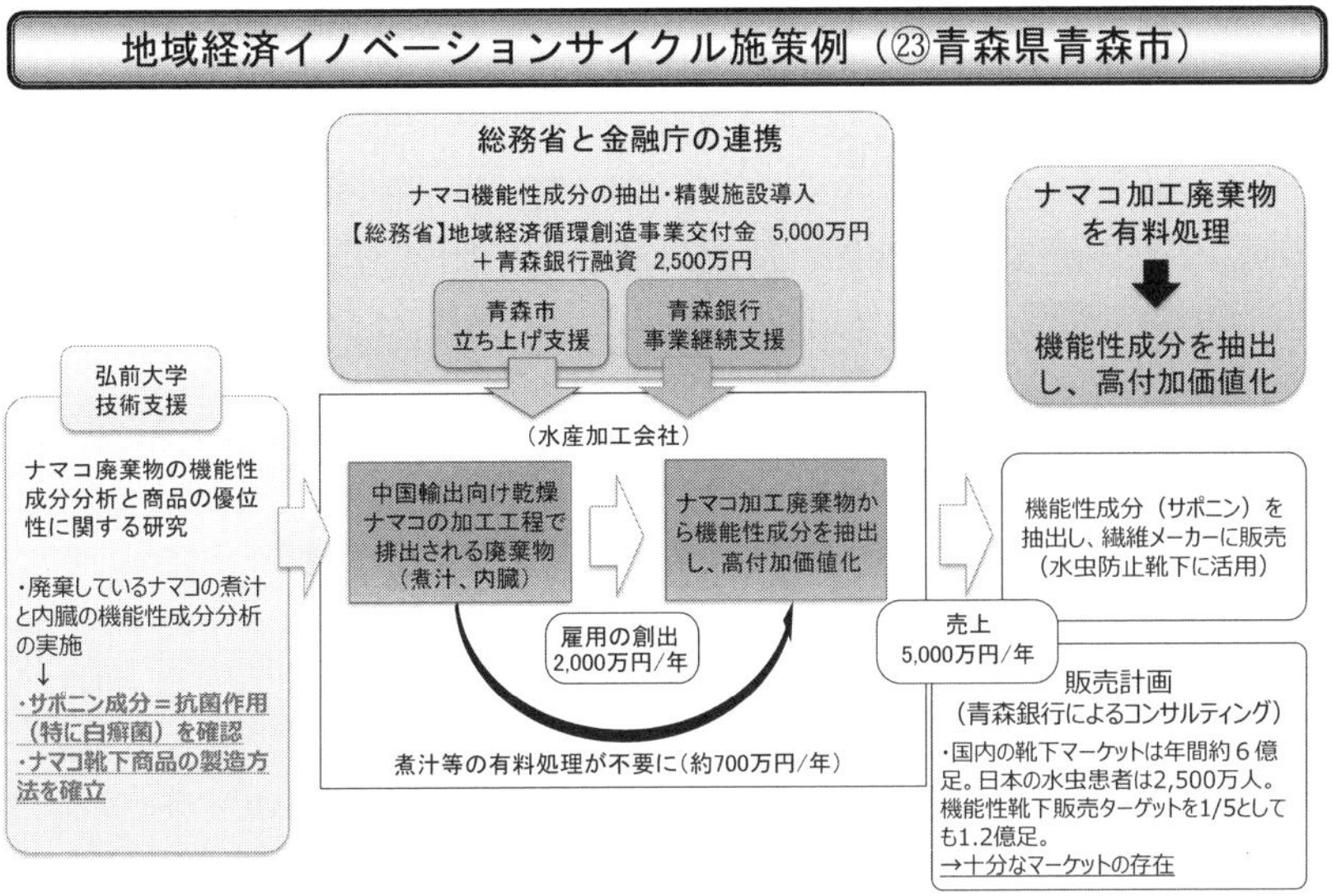

総務省地域創造グループ地域政策課「地域の元気創造プラン」より

金融庁は、脱担保主義の事業性評価による未来型投資へ地域金融機関を導き、総務省は自治体に国庫補助金による持参金を用意して、早く「結婚話」をまとめるように急がせている。

その総務省の担当者が、自治体向けに作成した事例集は、これまでの地域経済政策には見ることができなかった新しい経済成長発展モデルが示されている。

地域経済イノベーションサイクルの基本的なモデル（例）を４区分で紹介している（モデル図参照）。

なかでも域外消費を狙う新商品が、開発のモデルとして注目されるだろう。どのような付加価値をつければ域外の全国市場に商品展開できるのか。総務省の構想力が試されている。

青森市の事例は、発想がユニークである（図表④）。自治体・青森市の結婚相手は、地域金融・青森銀行。持参金は、地域経済の補助金交付として５０００万円。これは政府・総務省から青森市に交付される。そして、青森銀行は２５００万円の融資を行う。

どのような域外の新商品を開発するのか。開発には、地元の弘前大学に協力してもらう。この海域は、ナマコが捕れる。そのナマコから、弘前大学の研究チームによって抗菌作用が高い「サポニン」を抽出する技術を開発する。その「サポニン」技術を応用して、商品化するために「水産加工会社」を立ち上げる。この会社立ち上げに、青森市と青森銀行が共同出資する。動き出すと、年間2000万円の雇用力が生まれる。常勤4~5名。非常勤換算では、8~10名だろうか。

ナマコから「サポニン」を取り出しただけでは、商品にならない。抗菌の効用は、日本人の悩みの種の一つ「水虫」に効果があるとされる。そこで、「サポニン」を繊維メーカーに販売する。その繊維メーカーは、水虫に強い靴下をつくる。その「水虫防止靴下」を全国靴下市場に売り込む。

その販売計画は、青森市には経験がないだろうから、青森銀行がコンサルを行う。

その販売計画の概要は、「国内の靴下マーケットは年間約6億足。日本の水虫患者は、2500万人。機能性靴下（ナマコ活用サポニン利用）販売ターゲットを1/5としても、1・2億足」。

1・2億足売れれば、これは十分なマーケットと言える。年間、5000万円の売上げが見込める。

ナマコから、1・2億足売れる会社ができるのだろうか。取らぬ狸の皮算用?しかし、やってみなければ、分からない。このような事例を重ねて「ローカル10000プロジェクト」が一つひとつ増えていく。

●自治体と地域金融の包括協定

多摩信用金庫は、東京都立川市に本社がある地域の金融機関として多摩地域では馴染み深い。現在、77店舗と4出張所があり、多摩地域全体へ事業を展開している。

この多摩信用金庫は、地方創生を経営拡大として位置づけて、自治体との連携活動が盛んである。例えば、地方創生の総合戦略策定に多摩信用金庫としては、20自治体への関与の実績があるという。

さらに自治体との連携協定の実績が積み上がっている。

多摩市　「創業支援連携協定」（２０１０年10月）
日野市　「産業活性化支援に関する包括協定」（２０１２年３月）
武蔵野市　「創業支援に関する連携協定」（２０１４年９月）
小平市　「産業活性化支援に関する包括協定」（２０１６年５月）

と着々と、協定を積み上げている。[8]

こうした協定を結んだ自治体とは、職員の相互派遣が行われている。立川市、日野市、昭島市、武蔵野市の４自治体との職員相互派遣。多摩信用金庫から自治体へ、自治体からは多摩信用金庫へ。人事交流が進んでいく。こうした銀行と自治体の人事交流は、市民の個人情報管理に問題はないのか。多摩信用金庫が、職員を市役所に派遣する狙いはどこにあるのか。これから明らかにされなければならない自治体問題である。

多摩信用金庫と連携をしている八王子市の産業振興部企業支援課の担当者は、次のように銀行への期待を

8　嵯峨洋輔「多摩信用金庫の地方創生への取組み」、『事業再生と債権管理』（金融財政事業研究会、２０１６年７月５日、きんざい）、全国銀行協会『地方創生へ向けた銀行界の取組と課題』（２０１６年３月）、「事例６　多摩信用金庫～地域と一体となった創業支援の推進」を参照。

図表⑤　群馬銀行と前橋市の包括協定の内容

群馬銀行と前橋市は連携協力に関する包括協定を締結いたしました。 　前橋市と群馬銀行は、これまでもさまざまな連携を図ってきましたが、今後さらに双方の有する資源を有効に活用して地方創生を推進していくため、連携・協力に関する包括協定を平成28年6月9日に締結いたしました。
連携事項 (1)　企業誘致に関すること (2)　定住促進・雇用創出に関すること (3)　商工業者向けの起業・創業・融資等及び経営支援に関すること (4)　農林業における、担い手育成・販売促進・新商品開発等、振興に資する支援全般に関すること (5)　ＵＩＪターンの推進、若者の定着に関すること (6)　シティプロモーション、観光振興等に関すること (7)　結婚、子育て支援等に伴う情報交換に関すること (8)　福祉・健康・医療等の情報交換に関すること (9)　企業、学校等の空き公共施設の有効利用に資する情報交換に関すること (10)　災害等における地域支援に関すること
連携協力の具体的な事項については、今後群馬銀行と前橋市で協議のうえ定めます。

前橋市ホームページより

語った。

「金融機関に対しては、創業者への全般的な相談対応、融資のアドバイス、補助金の申請の支援等を期待しています。また、八王子市は多摩信用金庫を中心に連携していますが、他の金融機関との連携も強化できればと考えています・・・・」。

このように全般的な相談や融資のアドバイス、補助金申請の支援となると、自治体産業政策としての中小企業融資事業は、市役所業務から銀行へ次第に移行されていくことになりはしないか。

自治体と金融機関の包括協定締結は、全国的に進行中である。

例えば、県レベルでは長野県がある。長野県のＨＰには、「長野県と株式会社八十二銀行は連携して地方創生に取り組みます」「長野県と株式会社長野銀行は連携して地方創生に取り組みます」、信金・信組の同様の文面の連携協定が締結されている。

長野県の特徴は、金融機関だけではなく、「ＪＡ長野との連携」、さらに保険会社「東京日動火災保険株式会社と連携して信州創生に取り組みます」という連携協定を締結するまでに広がっている。

２０１６年６月９日、前橋市と群馬銀行の間で「連携協力の包括協定」が締結された（図表⑤）。群馬県では最初の事例になる。群馬銀行も、秋田銀行や多摩信用金庫のように銀行内部に「地方創生推進窓口担当者」を置いて、自治体の総合戦略策定の支援を行ってきた。前橋市は、県庁所在地の自治体で県内の中心的自治体である。その前橋市との「包括協定締結」は、群馬銀行の地方創生戦略の関与の強さを示しているだろう。どのようなことが「包括的」に盛られているのだろうか。

協定内容は、「企業誘致」「定住促進」「UIJターン」から、「結婚、子育て」「福祉・健康・医療」「災害」までを見ることができる。これは俗っぽく言えば、何でもあり「協定」である。「包括協定」とは、地域金融が公的業務全般に対して、可能な限り介入を可能にすることではないだろうか。

●東京都は別格—国際金融都市づくりには、金融庁が直接、行政指導

東京を金融センター化する構想は、1980年代から存在する。80年代の東京の金融都市化は、地球を3等分して、24時間稼働する金融業務に対応すべく、ニューヨーク市のマンハッタン、ロンドン市のシティ、そして東京の兜町界隈から臨海部を金融都市の拠点地域と想定した。これは、地球が24時間かけて一回転するのに対応して、東京・ロンドン・NYの株式市場が開いていくことに対応できる。

この東京金融構想は、野村證券等のシンクタンクの構想が代表的だった。しかし、バブル崩壊・アメリカの構造協議の圧力で内需主導になることになり、90年代は上海・シンガポールに後塵を拝する事態になっている。

石原都政、猪瀬都政、舛添都政も東京を世界都市化する戦略を練った。その中には、金融機能の重視、海外からの企業誘致などが盛り込まれていた。

２０１６年夏にスタートした小池都政は、これまでの都政とは違う。小池都政は、東京都の金融センター構想を加速化させている。

２０１６年11月に「国際金融都市・東京のあり方懇談会」と「海外金融系企業の誘致促進等に関する検討会」の２つの組織を立ち上げた。

しかし、小池都政の東京の国際金融都市化は、80年代の金融都市東京構想より一歩後退している。80年代は、世界の３大都市（ロンドン・ニューヨーク・東京）と位置づけて、世界金融市場のシェア拡大を目指した。小池都政は、当面、アジア第1位・東京へと目標を下げた。その理由は、競争相手の香港や上海とシンガポール等の金融都市の実績にすぐには追いつかないからだろう。

地方創生による自治体と金融の「お見合い」から強制的「結婚」政策は、東京を例外にしない。

「都と金融庁　異例のタッグ　国際金融都市へ改革推進」（都政新報、２０１７年2月7日）と報じられた。金融庁が「海外金融系企業の誘致促進等に関する検討会」に参加することを「異例のタッグ」と位置づけて報じたのである。都政新報は「規制官庁が規制緩和を進める立場から、金融構造の改革に乗り出すのは異例」とした。

が、実はすでに事例を見てきたように、金融行政は、パラダイム転換が起こっていて、担保・保証の融資から未来投資・事業性融資へと政策の大転換をしていた。そのために、あちこちで地方創生に銀行が率先して取組んでいる事例がでているのであった。金融庁が規制官庁なのは過去の話となり、今はローカル・アベノミクスの中心的な行政指導機関である。

東京集中は止まっていない。その中で東京都が、国際金融都市を目指すのは、アベノミクスと同一歩調となる経済成長のためである。

90年代、ロンドン市のシティは、金融ビッグバンで、金融商品の多様化に成功して、民間保険やグローバル化した多国籍企業の内部留保資金を金融市場に投入することで、世界第１位の金融取引を確立した。そうしたことも視野にあるのかもしれない。金融庁を直接、都政に取り込んで、経済成長路線につなげていこうとしているのだろう。

東京都が他の自治体と別格なのは、地域金融機関と都政との「包括協定」手法ではなくて、政府の金融庁が、直接、都政に乗り込んできて、アベノミクスの路線に沿った行政指導を行うことである。

アベノミクスに従属していく小池都政は地方自治の視点からは、東京都の団体自治権が侵害されたことになるのではないだろうか。強権的な金融庁主導の直接的な行政指導を、率先して受け入れている小池知事がそこにいるのである。

３　地域総動員体制による自治体の産業化

(1) コンビニと包括連携協定を結んだ東京都足立区

東京都足立区は、「民間委託のデパート」と言われるように、何でも民営化を目指して、区当局は行革を進めてきた。やりすぎて国からダメだしをされたこともある。

例えば、議会で足立版「市場化テスト条例」を策定して、区政と民間企業との「競争入札」を目指した。そのなかには、国の事務（法定受託事務）である戸籍等もできる条例になっていた。しかし国の事務まで市場化テストにかけることはできなかった。足立版「市場化テスト条例」は、違法であると国の行政指導を受けた。

そうした足立区は、地方分権型の行政改革・民営化から、地方創生へと路線を転換しつつある。

２０１７年1月25日、足立区長と株式会社セブン・イレブン・ジャパンとは、「足立区の活性化に向けた包括連携協定書」にサインをした。足立区の「包括連携」は、銀行ではなくて、コンビニ業界が相手である。一人暮らし高齢者などは、買物難民になりやすく、地域の救済策が広がってきた。コンビニ業界は、品揃えを一人向けに変えている。高齢者だけではなく、未婚率の高さのように若者も一人暮らしが増えて、24時間営業のコンビニは次第に生活の必需になってきた。

そのコンビニは、お昼弁当の配達を無料でサービスしている。弁当は、1食５００円。それを自宅まで配達するため一人暮らしの高齢者には便利である。

足立区のセブン・イレブンとの包括連携協定書は、その第2条に連携する項目をあげている。10項目ある。〈地域の暮らしの安全・安心〉〈災害〉〈健康増進〉〈環境対策〉〈産業振興〉〈観光〉〈高齢者支援〉〈障がい者支援〉〈子育て支援〉〈区民サービス向上〉と連携対象は、広くなっている。

そして、従来の足立区の理念は「協働」を前面にして民間委託を進めてきたが、セブン・イレブンとは「協創」関係を築くこととしている。この「協創」関係が、自治体の産業化の新局面を示している。創は、地方創生の「創」から取られたものである。

弁当の自宅配達のサービスだけではなく、障がい者・子育て支援までとなると、区政の福祉行政は何をするのだろうか。これまでの福祉施策のほとんどが、コンビニ「セブン・イレブン」に委託可能になるのではないか。

（2）現代社会の地域総動員体制づくり―「産・官・学・金・言・労・民・士」による地方創生

自治体の地方創生の総合戦略策定に際して、政府は、一億総活躍社会の象徴とも言える「産・官・学・金・言・労・民・士」を入れるように誘導している。

「産」とは、産業界のこと。「官」とは、行政のこと。「学」とは、大学等高等教育のこと。「金」とは、金融機関のこと。「言」とは、言論・マスコミのこと。「労」とは、労働組合のこと。「民」とは、地域住民組織・町会などのこと。当初はなかったが、最新型では「士」があり、税理士・社会保険労務士のこと。

１９７０年代の学生運動の時、当時、文科省の中教審（中央教育審議会）の教育政策が産業優先として打ち出したのが「産・官・学」「産学」連携だった。企業と大学とを結合させて、学問の自由保障の大学教育から、日本経済の成長路線に役に立つ大学教育体系に変化させようと「産官学」路線を打ち出した。学問の自由を守れと声を大にして、キャンパスを駆け回った。

今回の「産・官・学・金・言・労・民・士」は、「産官学」路線を凌駕する。地域の社会資源の総動員体制づくりを目指しているということは、明々白々だ。

どのように「産・官・学・金・言・労・民・士」は、組織されるのか。最初に東京都目黒区の「地方創生総合戦略」を見る。

図表⑥　目黒区まち・ひと・しごと創生懇話会　委員の所属

区　分	所　属　等
産（産業界）	公益社団法人東京青年会議所目黒区委員会
	目黒区商店街連合会
	東京商工会議所目黒支部
	一般社団法人目黒区産業連合会
官（行政）	ハローワーク渋谷　雇用開発部門・雇用開発部
学（教育機関）	産業能率大学　経営学部
	日本社会事業大学　社会福祉部
	東京大学　大学院総合文化研究科
	東京工業大学大学院　社会理工学研究科
	東邦大学産学連携本部
金（金融機関）	目黒区しんきん協議会
労（労働団体）	連合目黒地区協議会
言（メディア）	イッツ・コミュニケーションズ株式会社
地域	目黒区立小学校ＰＴＡ連合会
	目黒区女性団体連絡会
	目黒区町会連合会
	目黒区民生児童委員協議会
	目黒区住区住民会議連絡協議会

目黒区「まち・ひと・しごと創生懇話会」委員名簿より作成

●目黒区の学・産・官・金・労・言・地域

目黒区の総合戦略策定に際して、「目黒区まち・ひと・しごと創生懇話会」を作った。そのメンバーが、図表⑥である。

学（教育機関）は、東京工業大学・東邦大学・東京大学・その他が参加している。産（産業界）は、産業連合会・商店街連合会・東京商工会目黒支部・東京青年会議所目黒区委員会。官（行政）は、ハローワーク渋谷。金（金融機関）は、目黒区しんきん協議会。労（労働団体）は、連合目黒。言として、メディア会社。地域は、ＰＴＡ・町会連合会等。

金融機関が、ローカル・アベノミクスの実行部隊として動き始めていることは、戦後地方自治史でも新しい出来事であった。

●上越市のまち・ひと・しごと創生推進協議会

新潟県上越市は、平成の合併をしたあと、地域協議会を結成して、合併後も地域の声を市政に反映させている取組みで、地方自治の研究者からも高い評価を受けている。その上越市の「まち・ひと・しごと創生総

図表⑦　上越市まち・ひと・しごと創生推進協議会　参加団体（抜粋）

主な活動 テーマ	No.	区分	団体類型	団体名	しごとづくり部会	結婚・出産・子育て部会	まちの活性化部会
■協議会会員団体							
産業全般	1	産	経済団体	上越商工会議所	○		○
産業全般	2	産	経済団体	上越市商工会連絡協議会	○		
農業	3	産	経済団体	えちご上越農業協同組合	○	○	○
雇用	4	官	行政機関	上越公共職業安定所	○	○	
農業	5	官	行政機関	国立研究開発法人農業・食品産業技術総合研究機構中央農業総合研究センター北陸研究センター	○		
全般	6	官	行政機関	新潟県上越地域振興局	○	○	○
教育	7	学	国立大学法人	国立大学法人上越教育大学	○		○
教育	8	学	大学法人	公立大学法人新潟県立看護大学		○	
金融	9	金	金融機関	上越信用金庫	○	○	○
労働環境	10	労	労働団体	連合新潟上越地域協議会	○	○	
地域自治	11	民	民間団体	上越市町内会長連絡協議会			○
子育て	12	民	民間団体	上越市小中学校ＰＴＡ連絡協議会		○	
全般	13	官	行政機関	上越市	○	○	○
協議会会員団体の合計：13団体					10	8	7
■公募団体（一部）							
医療福祉	6	産	民間団体	商工会議所政策委員会（A）	○		
金融	7	金	金融機関	株式会社大光銀行	○		○
	8	金	金融機関	株式会社第四銀行	○		○
	9	金	金融機関	株式会社富山第一銀行	○		○
	10	金	金融機関	株式会社八十二銀行	○		
	11	金	金融機関	株式会社北越銀行	○		○
	12	金	金融機関	新潟県信用組合	○		○
	13	金	金融機関	日本政策金融公庫高田支店	○	○	○
結婚、出会い	23	産	企業	平安セレモニー株式会社		○	
	24	産	民間団体	商工会議所政策委員会（D）		○	
情報交流	43	産	報道機関	株式会社上越タイムス	○		○
公募団体の合計：43団体					24	8	29
協議会会員を含めた団体の合計：56団体					34	16	36

（「上越市まち・ひと・しごと創生総合戦略」より一部抜粋）

合戦略」（以下、総合戦略と略）は、そうした地域協議会の実践の延長線として捉えられるのか。それとも、ローカル・アベノミクスに取り込まれて、変質したのか。そのような疑問が湧くものであった。

上越市の「総合戦略」の特徴は、一億総活躍路線に沿い「産・官・学・金・言・労・民」代表による協議会が設立されているだけではなく、それぞれの団体が、地方創生の事業の分担を担うことが明文化されていることである（図表⑦）。

3つの部会「しごとづくり」「結婚・出産・子育て」「まちの活性化」の任務分担ができている。

「産業」の上越商工会議所は、「しごとづくり」と「まちの活性化」部会に参加をする。「産業」のえちご上越農業組合は、「しごとづくり」「結婚・出産・子育て」「まちの活性化」の3つの部会全てに参加する。「金融」の上越信用金庫も、3つの部会全てに参加。「民間」の町会連合会は、「まちの活性化」。「民間」の小中学校PTAは、「結婚・出産・子育て」部会に参加。

確かに、PTAが活動すれば、自治体職員による婚活のサポートよりも、PTAの世話焼きの方が成婚に結びつくかもしれない。なぜPTAは、地方創生に動員されるのか。地域教育活動や学校教育活動のPTA活動だけではなく、地域社会が抱えている難問に対して、地域組織だからという理由だけで動員されていくことの怖さがあるのだ。自由な社会の若者男女の交際から、半強制的な結婚にならなければよいが。

公募団体も注目される団体がある。

農業に「金谷北地区農村元気会」や「上越市中山間地域元気な農業推進委員会」が参加をして「しごとづくり」事業に加わることは、理解できる範囲だ。

やはり注目は、金融。金融の公募には、必ずしも新潟県や上越市が基盤ではない「富山第一銀行」「八十二銀行」「北越銀行」が参加している。銀行が、自治体へ人事交流をすすめていることは、すでに見たとおりである。地元の自治体だけではなく、周辺の自治体の地方創生事業に参加している。そのように地方創生に地域地盤をはみ出して参加するような銀行の方針になっているということは、自治体へ地域金融が緊密な関係づくりを目指している立証の一つとなる。

上越市が、全ての事業に参加することは当然のことであろう。上越市「総合戦略」の問題は、「産・官・学・金・労・民」とした計画策定だけではなく、それぞれの地域組織に任務を付与するとしたことである。この是非は十分検討される必要がある。上越市には「言・士」はない。「言・士」は、後から加えられたためである。

全国の自治体すべての地方創生の「総合戦略」が点検できたわけではない。しかし、数十の自治体の「総合戦略」を比較した中では、上越市のように「産・官・学・金・労・民」に「任務分担表」を課すような類似した役割分担を見つけることはできなかった。

やがて「産・官・学・金・言・労・民・士」が定着して、「総合戦略」の計画から、その次の実践段階になった時、上越市の取組みは先行的なものとして示唆されているだろう。地域総動員体制づくりへ、地方創生は走り始めている。

（３）言論の自由が減退する危険性

その地域総動員体制は、金融機関だけではなく、言論・労働組合を取り込んでいくことになると、権力の批判者である言論界や労働者の守り手であるはずの労働組合が「骨抜き」にされてしまうのではないか。

すでに言論界は政権の政策分析が弱くなっている。テレビは、どこのチャンネルを見ても同じ報道。大手新聞は、政府の発表記事が多く、足で稼いだルポが少なくなってきた。政府の委員会にマスコミが参加すると、その委員会の問題点を鋭くえぐるような記事が書きにくくなると言われている。安倍政権は、ＮＨＫ会長人事に介入して、都合の悪い報道を極力少なくして、高い政権支持の世論を維持するようにマスコミに執拗に働きかけている。

同様なことが、地方創生の「産・官・学・金・言・労・民・士」で構成する委員会に「言」として正式に参加していくことになると、言論の自粛が起きてしまうのではないだろうか。例えば地方創生の「総合戦略」の財政責任・行政責任の曖昧さ等について、批判的な視点からの自由な県政や市政批判が書けなくなることはないのか。自ら参加している委員会の批判を書くことは、遠慮するベクトルが、新聞社やメディアに作用するだろう。

このように委員会に言論界が参加すると、自由な言論が衰退してしまう危険性がある。「産官学」の段階ではない。「産・官・学・金・言・労・民・士」として、「言論」を地方創生に位置づけている。言論界・地域メディアは、地方創生の委員会へ参加すべきではない。言論の自由を守ることは、容易いことではないだろう。

地域のマスコミが、地元の政治を客観的に報道すること自体が、困難を伴う。ローカル紙の新聞の広告は、地元大手の企業に依存するためである。しかも若者は、スマホ世代で活字からは遠い存在になっている。

だからこそ、言論界は、安易に自治体の委員会などに参加をしてはならない。市民社会の中で報道の自由を守るべきである。

（安達智則）

第3章　改革を巡る都・23区の現状と対抗の課題

1　都区各自治体の取組みについて

(1) 都、各区の「まち・ひと・しごと創生総合戦略」について

安倍政権は地方創生を掲げ、①「東京一極集中」の是正、②若い世代の就労・結婚・子育ての実現、③地域の特性に即して地域課題を解決するという基本的視点から「まち・ひと・しごと創生総合戦略2015」を作成した。各自治体に対しても一体的に取組むよう通知し、2016年3月末には3市区を除いて、地方版総合戦略が策定されている。

2016年度からは、依然として歯止めがかからない東京一極集中是正などについての改訂版を決定した。「一億総活躍社会」の最も緊急度の高い取組みとして本格的な「事業展開」に取組み、地方創生交付金の活用、国家戦略特区では都市再生・まちづくり、医療、保育、雇用等の分野において、税優遇や規制緩和などで支援するとしている。

本章では、都、23区の施策の特徴例を挙げ、その問題点と対抗軸の方向性についても考えてみたい。

①23区「まち・ひと・しごと創生総合戦略」の主要項目と特徴点

既に策定されている21区（中央区、足立区は現在策定中）の「まち・ひと・しごと創生総合戦略」は、その名称も形式もそれぞれ異なり、また、内容も既存の計画や並行して策定している構想などとの整合性を図りつつ、人口減・子育て（多くは、結婚・出産を含む）、産業振興、観光・にぎわい、地方との連携交流・

共存共栄などで「ＫＰＩ指標（重要業績評価指標）」を付しているのが特徴である（図表①）。

そして、ＰＤＣＡサイクルの導入や地域金融機関等の参加・連携も多くの区で積極的に採用している。

②都のＰＤＣＡサイクル・事業評価の活用について

舛添都政下で策定された都版「まち・ひと・しごと総合戦略」では、「東京と地方の共存共栄」が目玉とされ、他の自治体から税研修受講職員の受け入れを増やし、苛斂誅求（かれんちゅうきゅう）と非難される税収確保策が地方に「移出」される懸念がある。また、２０１６年度都予算見積方針では、事業評価で施策の見直しを行った場合、削減額の２倍まで新規要求することができるとし、施策見直しのインセンティブを強めた。

小池都政では、２０１７年度都予算見積方針でその表現は削除されたが、小池知事は「都としても、施策や事業の成果、そして課題を具体的に検証し、今後の予算編成に生かすなど、ＰＤＣＡサイクルを踏まえた取り組みにより、都民ファーストの都政の実現を目指し」（第3回定例会・知事答弁）と述べて継承されており、『実行プラン』でも強調されている。

③待機児対策と『総合戦略（「人口ビジョン」）』・ＫＰＩ指標と問題点

●江東区―サテライト保育事業：本園・分園＝先行型地方創生交付金（図表②）

２０１４年3月28日、江東区の湾岸地域で、全国初の「サテライト保育所」の開所式が行われた。この取組みは、認可保育所を地下鉄駅近くの分園と約２キロ離れた本園に分け、送迎バスで運ぶというものである。

	特徴的ＫＰＩ（交流その他）
千代田区	①いざというとき相談できる近所づきあい5%増、ボランティア参加5%増（マンション居住者参加割合30%）、地下街の避難訓練等の実施70%（皆増）
中央区	
港区	①文化芸術ネットワーク会議参加団体数②地域活動参加外国人住民の割合③観光情報メルマガ登録数・ボランティア育成
新宿区	①ユニバーサルデザインまちづくり（ガイドブック・案内標識等）②フリー WiFi 整備③「漱石山房」記念館④多文化共生まちづくり会議開催回数⑤伊那市との体験交流
文京区	①国内交流フェスタ 1,000 人②観光ガイドツアー 625 回・ガイド育成 30 人③国際交流フェスタ 11 回④英語観光ボランティア
台東区	①狭あい道路拡張整備・年 900 m②木造住宅耐震改修助成件数・年 26 件（累計 130 件）
墨田区	①小さな博物館来場者数 32,000 人②観光消費額・年 1 人 7,000 円③すみだ北斎美術館入場者数 95,000 人④観光ガイド在籍人数 80 人⑤ツアー参加者 4,500 人⑥連携自治体 55
江東区	
品川区	①オリパラ区内実施競技周知度 85%以上②英語少し通じます商店街プロジェクト参加店舗数 128 ③公共サイン設置モデルルート整備 11 ④外国人観光客誘致・案内所来所者 40,000 人⑤全国自治体連携事業数 20 ⑥大学連携推進協議会参加大学 7
目黒区	①オリパラ契機としたスポーツ実施率 65%②ホームページ多言語数 17 ヶ国③大学・教育機関との基本協定 4 校
大田区	①羽田、同跡地の発展に貢献と感じる区民の割合 60%以上（現在 52%）②区保養施設利用区民数約 16,000 人増・区内宿泊施設外国人宿泊数 16 万人増
世田谷区	①青少年交流センター整備 3 所②せたがや若者サポートステーション拡大 1,000 人③大学連携子どもの居場所拡充④自治体交流事業継続・川場村
渋谷区	①渋谷駅周辺基盤整備区民評価 14.3%増②コミュニティ FM 連携連帯関心度 7．3%③ダイバーシティ・まちの評価 8．5%④子どもの国際交流 158 人増
中野区	ＫＰＩ指標なし<①男女平等認識約 14%増②住みやすさ満足度 2．4%増③歩道バイアフリー化 10．2%増④連携事業交流 60 ⑤区内駅利用者数約 87 万人>
杉並区	①宿泊施設拡充･外国人旅行者観光基盤整備 14 施設増②交流自治体連携フレンドシップスクール 23 校（全校）③南伊豆町お試し移住事業参加支援 60 人（皆増）
豊島区	①移住説明相談 100 人、体験ツアー 20 人②大学・自治体コンソーシアム参加 60 自治体増③フェスティバル・トーキョー 16,000 人増、オータムカルチャーフェスティバル 12 万人増④旧庁舎跡活用集客 490 万人増
北区	①老朽家屋除去件数 81 件②三世代住宅助成 293 件
荒川区	①若年年代定住希望率 60%②犯罪認知件数約 500 件減③友好都市防災協定 19 自治体④他自治体との連携事業 400
板橋区	①高齢者障がい者移動法 EV 設置駅 10%②危険老朽建築物解消 40%③耐震（247 件増）、不燃化（48 件増）助成
練馬区	①特定緊急輸送道路建築物耐震化率 100%②無電柱化整備約 3．8 キロ③雨水貯留施設増設 25 地区
足立区	
葛飾区	①自転車駐車場収容台数約 29,000 台②拡幅整備率 40．1%③バリアフリー事業 85%④区内駅 EV 整備率 100%
江戸川区	①町会加入世帯数約 500 世帯増②ボランティア登録団体 250 ③犯罪認知件数約 1,000 件減④住宅耐震化率 97%、防災井戸整備事業・全校配備⑤全国連携プロジェクト事業 20

（筆者作成）

図表①　21区「総合戦略」一覧

	基本目標設定の特徴	特徴的ＫＰＩ（子育て）
千代田区	①子育て②地域のコニミュティ③活力あるまち	①待機児童数（保育）ゼロ維持②私立保育・こども園と区立との連携事業　6施設維持③子育て家援者養成講座修了数　延51人増
中央区	策定中	
港区	①共存共栄②産業文化活性化④結婚・子育て④地域の支え合い	①子育てコーディネーター事業対応件数②子育て懇談会参加人数③待機児童数④私立保育園認証保育所の第三者評価受審⑤病児保育利用実績⑥休日診療小児患者数
新宿区	①賑わい②共存共栄③子育て④心豊かな地域⑤防災	①保育所待機児童数ゼロ②放課後居場所実施数③ひとり親家庭生活支援相談会出席者数④オリパラ契機の教育事業参加アンケート結果
文京区	①子育て②高齢者福祉③産業振興④観光・交流	①ぶんきょうハッピーベイビー応援団会議・アイデア13件②ハッピーベイビー健康相談件数③私立認可保育所拡充42園
台東区	①子育て②地域環境③産業振興④観光交流都市	①認可保育所整備4ヵ所増②認定こども園整備2園増③小規模保育事業整備2ヵ所増
墨田区	①結婚・子育て②安全快適な地域③ものづくり④観光⑤交流	①こんにちは赤ちゃん訪問実施率90%②保育所待機児童ゼロ③学童クラブ待機児童数ゼロ④ワークライフバランスセミナー受講者数30人⑤男性育休取得率3%
江東区	①子育て	①保育サービスの充実（待機児童数ゼロ・延長保育実施園数）②子育て家庭への支援（子育てひろば利用者数・子ども医療費助成数）③地域ぐるみの支援(児童虐待相談対応数)④保健医療施策の充実(乳児健診受診率)
品川区	①子育て②産業の高度化③地域の交流④安心のまち	①しながわネットワークの構築充実・相談2,080件②家庭訪問率100%③健やか親子支援事業参加者7,180人④親育ちサポート事業充実・参加者6,100人⑤保育施設等開設158⑥小学校英語教育充実37校⑦ＩＣＴ配備771台
目黒区	①結婚・子育て②住み慣れた地域③新たな賑わい	①小規模保育事業所数15所・221人②認可保育所数50所・4,179人③区立保育園民営化2園④一時保育実施施設数14所・48人⑤病後保育5施設
大田区	①新たなチャレンジ創造のまち②共存共栄と国際都市としての発展③結婚・子育て	①保育所入所率100%達成②保育人材育成研修参加者数100人増③地域子育て支援拠点事業利用者数・延べ約3,000人増
世田谷区	①多くの世代の希望の実現②活力ある地域社会③地方との連携・交流	①ひろば事業拡充52所、一時預かり事業拡充・年19万人②保育定員拡充19,000人③ひとり親等子ども支援5所④切れ目のない支援事業11所、母子保健コーディネーター5所
渋谷区	①賑わい創造②生みやすく・育てやすく③ダイバーシティ・インクルージョン	①保育施設整備824人増②多様な子育てサービス満足度8%増③地域子育て支援拠点事業利用者79,000人増④子どもの学習支援130人・居場所づくり10所
中野区	①少子化克服②全員参加型社会③ビジネス活性化・観光④地方連携	ＫＰＩ指標なし＜①合計特殊出生率1.12②子育て困難保護者3%減③地域育成活動参加子ども数1,000人増④保育施設保護者満足度100%＞
杉並区	①結婚・子育て②賑わい③地方連携	①認可（区立）保育所整備・待機児童数ゼロ実現②多様な保育サービス提供・延長保育、公園内施設整備など③利用しやすいと感じる割合約20%増
豊島区	①子どもと女性②住み続けるまち③地域の交流④国際文化カルチャー都市	①出生数／妊娠届出数6%増②待機児童数ゼロ③子どもスキップ利用者数14万人増④遊休不動産活用事業化100件⑤英語活動「楽しい」6%増⑥子育て世代公園整備1万㎡増
北区	①結婚・子育て②女性・若者・高齢者応援③産業活性化④まちづくりを図り、個性、魅力を発信⑤他自治体とともに発展	①産前産後セルフケア講座参加数2,000組②子どもセンター15〜17ヶ所③放課後プラン36校④保育所待機児童数ゼロ⑤ワークライフバランス推進企業26社
荒川区	①地域活性化②出産・子育て③安心安全のまち④全国自治体とプラスサムの関係	①合計特殊出生率1．43②子育て満足度60%③保育所待機児童数ゼロ④学童クラブ待機児童数ゼロ⑤放課後子ども教室実施校100%
板橋区	①産業活性化と安定雇用②出産・子育て③都市連携・高齢化社会適応	①乳児家庭訪問面会率100%②講座修了者の子育て支援員登録1.25%増③保育園待機児童数ゼロ・延長保育園数34園④あいキッズ利用者満足度73%
練馬区	①子どもの成長と子育て②福祉・医療の充実③安全快適な都市④魅力を楽しめるまちづくり⑤新たな区政の創造	①「すくすくアドバイザー」5ヵ所配置②一時預かり等年約35,000人③認可保育所増設8ヶ所④地域型保育事業増設21所⑤「ねりっこクラブ」20校
足立区	策定中	
葛飾区	①街づくり②子育て③産業活性化	①待機児童数ゼロ②病児保育利用約800人③学童クラブ数92所④一時保育実施36所⑤特定不妊治療費助成577件
江戸川区	①子育て②地域力③共存共栄	①妊婦面接実施率100%②ハロービー教室参加者3,000人③新生児訪問者数3,000人④地域子育て見守り事業訪問者3,000人⑤保育定員増数600人⑥一時預かり事業22園⑦病後保育事業約3,500人

図表②　　＜江東区「長期計画」（まち・ひと・しごと総合戦略）＞

具体的な施策と重要業績評価指標（KPI）

（平成27年度 地域活性化・地域住民生活等緊急支援交付金（地方創生先行型）対象事業）

① 送迎保育ステーション（第二江東湾岸サテライト保育所）事業

分野別戦略（施策）　保育サービスの充実

事業の概要・目的　都市部の待機児童対策として、利便性の高い場所に設置した保育園の分園（ステーション）から、2歳児以上の園児を本園までバス送迎する。

≪第二江東湾岸サテライト≫（本園）有明

（分園）イオン東雲店内1階

重要業績評価指標（KPI）	現状値	目標値
第二江東湾岸サテライト	〔27年度〕	〔28年度〕
保育所定員数	本園（0～5歳）222人	本園（0～5歳）222人
	分園（0～1歳）49人	分園（0～1歳）49人

② マイ保育園ひろば事業（拡充分）

分野別戦略（施策）　子育て家庭への支援

事業の概要・目的　子育て支援として、在宅子育て家庭を対象に遊び場の提供や季節のイベント参加、子育て相談等（ひろば事業）のできる保育園を「かかりつけ保育園」として登録する「マイ保育園登録制度」について、平成27年度より区立保育園での登録者増に取り組むとともに、新たに私立保育園でも本制度を導入するため、事業のＰＲに取り組む。

重要業績評価指標（KPI）	現状値	目標値
マイ保育園本登録こども数	〔26年度〕	〔27年度〕
	私立等0園、　0人	私立等25園、1,250人
	区立 33園、1,601人	区立　33園、1,650人

（江東区「長期計画」（まち・ひと・しごと総合戦略）より抜粋）

保護者は通勤などの際に分園で子どもを預け、帰宅時などに本園などで引き取ることができる。

江東区は2013年秋から、新たに児童約1200人を受け入れる保育所整備に乗り出しており、保育需要の切り札にサテライト保育事業を据えた。場所は、オフィスビルやショッピングセンターなどの空きフロア。すぐに設置できる点、また十分な広さが確保でき、一施設で200人規模の子どもを受け入れることができる点もメリットと考えられている。サテライト保育事業は、送迎の負担を減らしながら認可園に預けたいという保護者のニーズを満たす事業として注目されているようだが、送迎バス事故の懸念や日々の子どもの様子が直接見られない不安、3

歳児までの分園は本園と保育環境が大きく異なるなど、父母の不満も大きい。

●文京区―待機児童数ゼロ、私立認可保育園増・公立保育園指定管理移行

文京区では私立認可保育園増設がＫＰＩ目標になっており、公立保育園増設については「基本的に区立保育園を新設する場合については、国・都から補助金が出ませんので、そういったことは考えてございません」（区文教委員会、２０１３年7月25日）との姿勢だが、多様な運営主体の参入が促進され、今後、株式会社保育所の急増が見込まれる。

しかしながら、毎日新聞が都内の民間認可保育所と小規模保育所１２０５施設を調査したところ、株式会社運営保育所では、人件費割合が平均50％程度となっている。国や地方自治体が保育士を確保するために70％程度になるよう補助していると報じているが、企業によっては本社の管理費や保育所新設に回すなどのため、保育士待遇改善は一向に進まない。民間の保育士からも公立保育園の役割への期待は大きい。

④高齢者福祉の見直し、日本版ＣＣＲＣ（「生涯活躍のまち」）構想

安倍政権は介護保険サービスの切り捨てと負担増の改悪を行い、要支援１・２のホームヘルプサービスとデイサービスを保険給付から外し、市区町村独自事業の「総合事業」を行うとした。

●品川区―介護ボランティアへの移行

品川区では、国の見直しに輪をかけてサービス単価を大幅に引き下げた結果、現場では、要支援サービス

からの撤退など、深刻な事態が起こっている。「区の単価は国の介護報酬の考え方や利用実績等を総合的に勘案しており適正である」と区福祉部長は答弁しているが、介護報酬と同額で実施している区もある。

さらに区は、ボランティアを活用した介護予防のモデル事業を始め、地域で高齢者を支える体制づくりを急ぐ。ボランティアによる「すけっとサービス」（これまでの介護事業者によるサービスに加え、利用者の状態に合った軽度なサービスが提供できる、住民による担い手＝無資格者によるサービスへの置換による生活援助サービスを創設する）の対象は、要支援1・2相当の人で、介護保険で認められた生活介護の掃除、洗濯、買い物、調理である。区は「ゴミ出しなどちょっとしたこと」は有資格者でなくてもできると答弁してきたが、「すけっとサービス」はそれにとどまらず、日常生活を送る上で欠かせない生活援助をヘルパーなど有資格者からそっくりボランティアに置き換えようとしている。

●豊島区―姉妹都市・秩父市との連携「日本版ＣＣＲＣ」

都会の高齢者に地方への移住を促す「日本版ＣＣＲＣ」構想の具体化を姉妹都市である秩父市と検討している豊島区の区民アンケートでは、「地方へ移住したくない」・「どちらかというと移住したくない」と、計65・9％の区民が回答している。その理由は「交通の利便性がよくなさそうだから」が62・7％で最も多く、「買い物の利便性が良くなさそうだから」の55・1％が続いた。しかし、区は「潜在的なニーズはあると考えている」と分析し、ひたすら構想を進めている。

（２）窓口業務の民間委託化―公的サービスの産業化

国の『経済・財政再生計画』では、「歳出改革等の考え方・アプローチ」として「公的サービスの産業化」を打ち出しており、現在、企業やＮＰＯ等が自治体などと連携しつつ公的サービスへの参画を飛躍的に進めている。

①足立区―第１次・戸籍、第２次・国保、保健所業務など

足立区は業務の民間委託を進めているが、戸籍の民間委託が東京労働局から偽装請負と指摘され、一部を区の業務に戻し、業務手順書などで定められていないことについて、区職員から直接指示を受けないよう徹底させると発表した。

しかし、当初、２０１５年４月から外部委託を考えていた国民健康保険業務については、２０１５年度は「人材派遣」で対応し、２０１６年４月から窓口業務の外部委託を開始した。滞納整理の相談業務は直営で行い、差押などの滞納整理強化のための「滞納者の財産調査に関わる補助業務」を新たに追加委託した。職場の声では「委託業務についての住民の声は、大事にならないと少なくとも平職員の耳には届かない。人員の入れ替わりが多く、引き継ぎが適切になされていないのか、始めからやり直しになる場合がある。業務の精度が上がらないため、指摘事項も多い」「業務終了後に問題点を引き受け、業者の方が伝えてくるので、残業が増えている」などの声が寄せられている。今後、国民健康保険業務のスキルの継承が問題となっている。

また、保健所の窓口業務については、２０１６年４月より「人材派遣」を受入れた。それまで区の臨時職

員だった人が退職し、派遣されたことにより労働者派遣法違反が発覚した。

②豊島区―総合窓口・業務委託

豊島区は現在、総合窓口課において住民異動と各種証明書の受付・入出力・交付の業務委託をおこなっているが、２０１６年８月５日、住民異動の窓口について、住民基本台帳関係業務の職員スキル低下防止と緊急時対応想定トレーニングを目的に、８時30分～９時30分の間、職員が受付をおこなうことにした。８月までを研修期間として９月から実施したいとしており、業務に慣れてきた時点で、同じ時間帯で入力業務も職員がおこなうことを考えているという。

しかし窓口業務を切り離すことなどできない。それを無理やり分けて「委託」をするのは職員のスキルアップ、経験の蓄積ということからいって委託すべきではないと指摘してきたことが現実化しているといえる。

（３）国家戦略特区―都庁舎内に国の機関が…

①東京都―「共同事務局」、国際金融センター

都と内閣府は、２０１６年10月、国家戦略特区活用を進める「東京特区推進共同事務局」を都庁内に開設した。都特別顧問でもある鈴木亘氏（学習院大教授）を事務局長とし、都と国がそれぞれ８人ずつ人員を出して規制改革に一体的に取り組む（図表③）。従来は都が作成した案を基に、国が関与する形で特区の可否

図表③

東京特区推進共同事務局の構成員について

9月9日の第23回国家戦略特区諮問会議における都知事提案を受け、内閣府及び東京都による 東京特区推進共同事務局を、平成28年10月4日付で設置。事務局長及び構成員は以下のとおり。設置場所：都庁第一本庁舎16階（政策企画局）

【組織図】

東京都＜連携・協力＞　事務局長：鈴木 亘　＜連携・協力＞国家戦略特区

都政改革本部　（学習院大学教授・国家戦略特区ワーキンググループ委員・都都政改革本部特別顧問）　ワーキンググループ

東京都（8名）	内閣府（8名）
○事務局次長	○事務局次長
政策企画局国家戦略特区推進担当部	内閣府地方創生推進事務局審議官
政策企画局政策担当部長	（国家戦略特区担当）
福祉保健局企画担当部長	地方創生推進室次長
建設局公園管理担当部長	参事官
都市整備局都市づくり政策部長＊	企画調整官
生活文化局私学部長	参事官補佐(企画班長)
国家戦略特区担当（2名）	国家戦略特区企画班（3名）

（第24回国家戦略特区諮問会議「東京特区推進共同事務局の設置について」より抜粋）

を判断してきたが、今後は「混合介護」導入などを想定して、立案の段階から都の担当部署と共同することで、意思決定を加速化する狙いがある。小池知事は開所挨拶で、既に提案した定員19人以下の小規模保育の規制緩和などの待機児童問題や働き方改革などに触れ、公務員のフレックスタイム制導入などを目指して「強力に特区による改革を進める」と語った。

家事支援外国人の受入、金融系の外国企業を新たに40社（『総合戦略』アジア地域の業務統括拠点・研究開発拠点を特区内に誘致―２０１６年度に50社以上）誘致するなど金融庁や民間との連携で国際金融都市を実現することも進めている。

②豊島区―庁舎跡地利用

豊島区は区庁舎の跡地再開発事業で、旧庁舎の敷地に地上30階地下２階建て、延べ床面積約６万４０００㎡のオフィス・商業棟を、隣接する豊島公会堂と分庁舎の敷地に地上７階地下１階建て、延べ床面積約１万㎡のホール棟をそれぞれ建設する。設計・施工は鹿島建設が担う。敷地面積は旧庁舎が３６３７㎡、公会堂が３０４９㎡となっている。70年間の定期借地権を設定して、東京建物とサンケイビルが定期借地料として１９１億円を区に一括で支払う。オフィス・商業棟は両社が運営・維持管理を行うことになりそうだ。区庁舎跡地活用事業について、区域計画が国家戦略特区会議の認定が行われる。

（４）公共施設等総合管理計画

総務省は、公共施設等の全体の状況を早急に把握し、長期的な視点をもって、更新・統廃合・長寿命化などを計画的に行うことにより、財政負担を軽減・平準化するとともに、公共施設等の最適な配置を実現することが必要として、公共施設等総合管理計画の早期策定を求めている。

都は、都有施設等総合管理方針を策定するとともに、ホームページで、都内区市町村における公共施設等総合管理計画について、各団体の公表にあわせリンク先を随時掲載している。

①新宿区―公共施設等削減計画とＰＰＰ・ＰＦＩ活用

新宿区は２０１６年９月２日、「公共施設等総合管理計画策定にかかる有識者会議」に区のインフラ、各種施設の民営化、統廃合・複合化や長寿命化などの「公共施設等総合管理計画（骨子案）」を提示した。有識者会議では「骨子案では甘い」「さらなる削減を」との発言が委員から飛び出す大変な状況である。

骨子案は区施設を民間へ移管し、再整備の際はＰＰＰ・ＰＦＩ（官民連携）の手法で減らそうとしており、「施設総量削減計画」項目では、施設数の削減目標や床面積を何㎡削減まで書き込まれている。また、例えば「生涯学習館、ことぶき館・地域交流館・シニア活動館・・・統廃合の検討」、「図書館、スポーツ施設・・・施設総量の検討」など施設の削減目標が示されている。委員長の根本祐二氏（東洋大学教授）は、区役所本庁舎分庁舎、地域センター、小中学校だけを区有施設として残し、他の施設は集約するか、民間移管か廃止というとんでもない主張をしている。

今こそ公共施設等の全体状況を正確に把握し、長期的かつ区民的な視点をもって、更新・長寿命化などを計画的に行うことこそが自治体本来の役割として求められている。

②目黒区―「ハコモノ三原則」①新規凍結②集約複合化③総量縮減

目黒区には１７５の公共施設があるが、その多くが30年以上経過し、改修や建て替えの時期を迎えている。今後新しい施設を整備することは行わない。大規模改修や建て替えは多機能・集約化、複合化。今後延べ床面積の15％縮減の「ハコモノ三原則」で取り組みを進めている。

問題は「受益者負担の原則」で保育園、学童保育クラブ、幼稚園、こども園の保育料の引き上げ、住区会議室や社会教育館、体育館などの施設使用料の引き上げで新たな負担を区民に押し付けたことである。区民施設は所得の多寡にかかわらず、区民が自分自身の生活のために、あるいは健康増進、自己啓発、自己実現のために等しく使用できるように、行政が使用料を最小限に抑える努力をすべきである。区有施設見直し方針が区民の切実な要求の実現を阻んでいる。

③板橋区—開発と一体の「公共施設再編」計画

板橋区は４９０施設、延床面積85・1万㎡の施設を保有している。今後、施設の老朽化が進む中で、コスト管理による計画的な整備と将来需要を見通した「公共施設等の整備に関するマスタープラン」個別整備計画を２０１５年5月にいち早く策定した。

区の今後の実施計画「いたばしＮｏ．１実現プラン２０１８」には、大山駅周辺地区、板橋駅周辺地区、上板橋駅南口駅前再開発、高島平グランドデザインの事業計画経費が記載され、ＪＲ板橋駅の駅ビルと区有地の一体開発では、区有地に高層マンションを建設する計画で、安倍政権の「国土のグランドデザイン２０５０」に合わせて、東京オリンピック・パラリンピックをテコに東京大改造計画をすすめる「公共施設の大再編」である。

(5) マイナンバー制度の活用と自治体クラウド化

マイナンバー制度の活用によりオンラインサービス改革を進め、国民にとって利便性の高い社会を実現する。具体的には住民票の写し等、コンビニ交付実施団体数を２０１６年度中に3倍の３００団体とし、人口合計も６０００万人を超えることを目指すが、それだけでも自治体負担は膨大である。

また、児童手当申請や予防接種のプッシュ通知等優先すべき課題について整理するほか、災害発生や生活再建支援等におけるマイナンバー制度の検討を進める。さらに、マイナンバーカードの健康保険証としての活用や民間部門における普及に向け取組む。医療・介護保険ともに、マイナンバーの活用等により、預金口座への付番開始後3年を目途とする見直しの検討にあわせて、金融資産等の保有状況を考慮に入れた負担を求める仕組みについて実施上の課題を検討している。そのために、各自治体で、自治体クラウド化も検討されている。例えば、人事・給与、旅費計算、調達、文書決裁の自治体内部管理業務を簡素化・標準化して、自治体クラウド導入市区町村数（２０１４年度：５５０団体）を２０１７年度までに倍増を図り、運用コストを圧縮（3割減）する。

しかしながら、各自治体では、通知カード約百数十万件が未着、システム障害が多発など解決すべき課題は山積である。特に個人住民税特別徴収通知書のマイナンバーの強制掲載問題は当初の制度設計の考え方と異なるとの指摘を受けている。

2　対抗軸の方向性

(1)　住民規模の大運動

①世田谷区―公契約条例制定などの取組み

世田谷区では、２０１４年9月に公契約条例が全会一致で可決され、２０１５年4月から施行された。施行にいたる約8年間の公契約運動の取組みについて、全国的には首長によるトップダウンで制定される事例があるが、世田谷区では上部組織の違いをこえた団体と地域住民の共同の取組みが出発点となった。区職労と東京土建世田谷支部を含む地域労組と世田谷自治問題研究所などが呼びかけ、２００７年4月に「公契約推進世田谷懇談会」が発足し、のちに「公契約条例にかかわるあり方検討委員会」設置を区に請願し、全会一致の可決で本格的にスタートさせた。懇談会結成について、日頃から原水爆禁止運動などの平和運動への取組みがベースにあった。

懇談会はこの8年間でシンポジウムを7回実施。「工事を発注しても、世田谷区内に居住する建設労働者はわずか3・4％（東京都内居住でも34・4％）だけで、地域経済の振興に結び付いていない」「現場労働者の一日賃金平均は1万416円で、設計労務単価平均1万7405円を大きく下回っている」という現場の実態調査結果を見せ議員を動かした。ダンピングによる最賃割れや過当競争による経営難と後継者不足など、土木建設の業界は深刻な課題を抱える。区職労としても、建設産業に限らず、区の非正規労働者や介護・福祉労働者を視野に入れ、条例への「労働報酬下限額条項」を巡って声をあげていけるように共同を進めた。

「世田谷区は、適用範囲となる工事契約3000万円以上と、委託契約2000万円以上で他の自治体に比べ、より多くの工事と委託が適用となります。その件数は少なくとも年間200～300件と予想されます。当然、担当部署の人員体制の拡充は必要ですし、モチベーションを高めることも必要です」と、条例制定のためには地元の連携が絶対条件であり、「区職労と土建支部のコミュニケーションと意思統一が図れるよう懇談会を仲介していく」と意気込みが示された。また区職労からは「地域で一致できることをやること。今ほど大事なときはない」と、沖縄や大阪のような「地域からの運動」が重要になっている点も指摘された。職場からの要求実現と予算人員闘争に結び付けて公契約運動を展開し、地域とともに粘り強く継続していくことが極めて重要である。

図表④　墨田区公共施設等総合管理計画・要約（2016年３月）

（１）①リバーサイドホール　区庁舎と合わせて、長寿命化　②曳舟文化センター　あり方検討
（２）集会所・集会室・地区会館＜略＞　（３）コミュニティ会館＜略＞
（４）①社会福祉会館②東墨田会③みどりコミュニティセンター、地域プラザ＜略＞
④生涯学習センター　あり方及び本・別館統合検討⑤産業会館　適時適切修繕とともに、効率運営
（５）事業施設 ①女性センター、消費者センター　指定管理者制度導入など検討
②中小企業センター　あり方検討、再編縮小
（６）保養施設＜略＞　（７）保育園　　公私連携及び指定管理者制度導入（「保育所等整備計画」）
（８）児童館　　計画的大規模修繕・更新とともに、複合多機能化　（９）学童クラブ＜略＞
(10) 子育て支援施設　あり方検討。移転複合化　(11) 亀沢のぞみの家　効率効果的運営検討
(12) ①ふれあいセンター福祉作業所②障害者就労支援総合センター　指定管理者制度導入検討
③墨田福祉作業所　民営化
(13) ①シルバー人材センター緑作業所　　計画的修繕　②同向島作業所　あり方検討
(14) 元気高齢者施設　適時・適切修繕とともに、効率的運営
(15) 特別養護老人ホームはなみずきホーム、はなみずき高齢者在宅サービスセンター 大規模修繕にあたっては、あり方検討。特別養護老人ホームの民間移譲再検討　　(16) 保健センター２施設統合
(17) ①福祉保健センター②ボランティアセンター、母子生活ホーム あり方検討
(18) ①区民住宅　借上型終了。区建設型あり方検討 ②区営住宅 計画的大規模修繕とともに、効率効果的運営 ③コミュニティ住宅 空き住戸活用検討
(19) 幼稚園　あり方検討　(20) 小学校 (21) 中学校　計画的修繕更新とともに、多機能複合化
(22) あわの自然学園、わんぱく天国 民間活力活用検討　(23) 緑、八広、立花図書館 指定管理者制度導入　(24) ①トリフォニーホール　あり方検討　②郷土文化資料館　民間活力活用検討
(25) ①スポーツ健康センター ②立花体育館　あり方検討　(26) 屋外体育施設 効率的運営
(27) 自転車駐車場等 民間活力活用検討　(28) すみだ防犯センター　あり方見直し
(29) 庁舎　計画的大規模修繕　(30) 出張所　あり方検討　　(31) ①清掃関連施設 機能転換検討
②錦糸土木事務所 移転検討。段階的業務委託　　(32) 八広職員住宅　　防災待機職員住宅転換

（「墨田区公共施設等総合管理計画」より筆者作成）

②墨田区―中小企業センター問題、保育所整備指針

総務省「公共施設等総合管理計画」策定を受け、墨田区は２０１６年６月、第二次「公共施設マネジメント実行計画」を公表（図表④）。この計画の基本は「維持管理費の適正化」「民間活力の活用」「計画的な予防保全による施設の長寿命化の推進」「施設保有総量の圧縮」「維持管理・運営に係る財源の確保」で、その具体化の一つに、すみだ中小企業センターの２０１７年３月末の閉館がある。

すみだ中小企業センターは、開館以来、区内中小企業の産業支援施設及び中小企業で働く勤労者の福利厚生施設として全国的にも先進的取組みを進め、視察も多い施設だった。今回、中小企業を取り巻く環境の変化や区内工場数の減少などを踏まえ、区としての産業支援のあり方を見直し、区役所庁舎内に「新たな産業支援体制」を構築することとした。先日市民団体が区長と懇談した際、区長は「受益者負担の立場で」といったようだが、果してそれで役割

が維持できるかは疑問である。

同様に、可能な限り公私連携幼保連携型認定こども園という名の民営化を推し進めるための計画「墨田区保育所等整備計画」を策定し、中学校区に合わせて、各ブロックに1園ずつ「基幹園」（センター機能を有する保育園）として引き続き公立施設とする、残る12園は公私連携幼保連携型認定こども園や指定管理者制度の活用で民営化・民間委託するとしていたが都営住宅の中にある施設については、民間への譲渡・貸与は認めないこととなり、計画の変更を余儀なくされた。そして、区は、保護者・子どもの承諾を得ないまま民間委託を前倒しした。また、小規模保育所の役割として、多様な保育ニーズに応えるきめ細かな保育サービスを供給し、特に0歳から2歳未満の保育で補完するという。

保護者や地域の保育関係者と共同の運動体「よりよい保育を@すみだ」が結成され、シンポジウムや「ひとことメッセージ」などの運動に取組んで、さらに、ここを運動の拠点とし、区民への宣伝行動や区長・区議会への要望、請願行動などに取組むこととしている。

（2）新たな取組み・実態調査活動

①江東区―ひとり暮らし高齢者実態調査など

介護保険制度がはじまって、現在、地域で何が起っているのか、行政の果たす役割は何か、この課題に取り組むため、江東区職労の呼びかけで学術研究者や高齢者福祉関係者、地域住民が集まり、２０１０年9月に「こうとう福祉プロジェクト」が発足した。江東区では年２４６人が孤独死で発見されており、その８割が60歳以上。こうした状況から「ひとり暮らし高齢者の実態調査」に取り組む必要があると、１９６０年代に建設された都営住宅３ヵ所、ＵＲ住宅１ヵ所を選び、「一人」・「二人」暮らしの高齢者を対象に２０１１年２月から３月にかけて郵送によるアンケート調査、そして10月には訪問ヒヤリング調査をおこなった。江東区は人口約47万人、全世帯の８割が集合住宅に居住し、高齢化率19・７％と比較的低いが、調査結果から浮かび上がったのは、都営住宅で極地的高齢化が進み、ある都営住宅では70歳以上が36・９％、住民の半数が一人暮らしであった。「健康状態が悪い」「経済的に苦しい」と感じている人ほど社会的孤立におかれているケースが多く、近所からの手助けに対する抵抗感では、「非常に感じる」「やや感じる」で62・９％にもなり、近隣住民からの支援に抵抗感が高い傾向が明らかになった。住宅の困りごとは、ＵＲ住宅では「家賃が高い」88・６％で、都営住宅では「老朽化」57・７％、「階段の上り下り」39・２％であった。日常生活の困りごとでは「役所などの手続き」８・３％、「掃除・洗濯」7・5％、「外出」７・５％、「買い物」７％、「食事の支度」６・５％、「通院・薬とり」５・１％、「銀行の出し入れ」４・１％、「ゴミ出し」３・２％となっている。高齢者の社会的孤立を防ぐには、地域の連帯が必要であり、高齢者の社会的孤立をなくす日常的な交流が大切であると痛感される調査だ。

②文京区などでの地域自治研究所設立―図書館指定管理など

文京区の図書館は中央館を直営として区が運営し、地区館７館・分室２室に指定管理者制度を導入している。文京区の財政は、当初予算のみを用いて今後の財政状況を試算し、財源不足を演じているが、基金残高は６００億円近くあり、一般会計の80％に上っているにもかかわらず、使用料の値上げなどで区民負担が増えている状況になっている。２００８年11月の図書館自治研集会を機に結成された文京区在住の図書館利用者を中心とした「文京のよりよい図書館をつくる会」は、利用者の不満や不安を丁寧にすくい上げ、図書館を見守る活動をした。利用者同士だけではなく、図書館に働く人たちとも結びつきながら、議会にも働きかけ、区に対しても意見を届ける活動をした。

「ツタヤ図書館」の選書をめぐる問題は、不適切な選書が行われたこと以上に、行政がそのことをチェックし、「責任」を持つことができなかったことである。図書館の基盤を破壊されるとはまさにこのことを指している。高市総務相は２０１５年11月27日の経済財政諮問会議において、図書館などへの指定管理者制度導入推進となる地方交付税算定方法の変更などを提起、安倍首相は「着実に具体化してもらいたい」と議論をまとめた。指定管理者制度をめぐっては、この間制度的な問題点や欠陥などが明らかになっているが、それに対処、対応することなくひたすら拡大・推進することを政府自ら表明したことになる。

文京区では、これらを契機に２０１６年11月27日、文京自治問題研究所が設立された。今後、より一層トータルな自治問題の運動への発展が期待される。

（石橋映二）

あとがき—自治権拡充と生活保障された地域づくりを目指したい

1　自治体と金融の〝包括協定〟は、地域経済の発展に寄与できるだろうか

自治体と地域金融の強制的「結婚」、自治体とセブン・イレブンとの包括協定にまで、地方創生は進んでいることは、読者には新しい自治体動向を知ることになったかもしれない。経済の東京集中を温存して、地域格差是正が実現できるとは考えにくい。地域経済の落ち込みは誰の目にも明らかになっている。

その地方の低迷を打開するために登場している「地方創生」は、すでに紹介したように「公的サービスの産業化」という〝荒療治〟で対処していた。ナマコを材料とした青森産「水虫対応靴下」が、東京のデパートに並ぶようになるのだろうか。銀行から自治体職員が入ってきて、銀行の「ノウハウ」で地域の中小企業再生を含めた「ローカル10000プロジェクト」が動き出すだろうか。

●兜町を歩く

兜町は日本の金融の中心地帯である。銀行の発祥の地であり、日本銀行や東京証券取引所や証券会社がひしめいている。2017年2月23日、兜町を歩いた。東京証券取引所を見学すると、新しく上場する「株式会社レノボ」のセレモニーが行われていた。その中で、上場できた会社の役員達は晴れがましい舞台なのだ

ろう。満面の笑みを浮かべた関係者の姿が印象に残った。

すでに場立ちの証券マンの姿はなく、激しく点滅するコンピュータ画面とグルグルと回る株価の数字が、現代証券市場の姿である。金融市場は、情報システムで管理されていて、人の姿は少ない。兜町を歩きながら、小池都政が目指している「金融でＧＤＰを10兆円・20兆円を上昇させる」とは、どのような社会変化をもたらすのだろうか、と想像をしていた。

少なくとも80年代の「誤謬」は、ないようにしなければならない。その「誤謬」とは、24時間金融情報都市になるために、オフィスビルも必要なり、大量の都心再開発ビルが必要であるという「誤謬」のことである。金融情報都市には、コンピュータ処理の場所さえあればよいのだから、過大なオフィスビル需要説は虚構だった。東京証券取引所は、場立ちの人もいなくなって、コンピュータ空間である。オフィスビルと人は、金融情報都市でそれほど必要ではない。

小池都政は、金融都市化によって、東京のＧＤＰを１２０兆円にする目標を掲げている。果たして、金融で経済成長できるのだろうか。原理的な疑問も残されている。

2　小池都政をどのように診断するのか

小池劇場の観客は、東京だけではなく、全国規模に広がっている。そのためにテレビや新聞や週刊誌は、視聴者の関心が高い「オリンピック」「豊洲市場」「自民党との対決」「都議選の小池新党」などを報じている。その中には、独自の取材ニュースもあり、小池都政分析で無視することもできない。しかし、地方自治の基本的な分析視点を保持しながら、小池都政を報じているかと言えば、そうした記事は極めて少ない。

少なくとも、このブックレットで明らかにしたように国と東京都の「国家戦略特区」推進の「東京特区推進共同事務局」が、２０１７年10月４日に東京都庁に設置されたことの都政上の重要性については、マスコミの論調は指摘していない。国の担当役人が常駐して、都政改革本部と二人三脚で、都政運営の戦略を日々練り上げている。その事務局長は、自己責任強化と市場原理による社会保障構造改革論が持論の鈴木亘氏である。そして、「東京特区推進共同事務局」が最初に打ち出したのが「混合介護」だった。「混合介護」は、「買う介護」領域を拡大していくだろう。裕福な人への恩恵で、低所得者は介護受給権の縮小になる。「介護も金次第」になりかねない。

●地方自治・福祉・都市の視点から小池都政を評価

３つの評価の視点を持って、小池都政の動向を点検していく必要がある。

第１の視点は、小池都政は地方自治を大切に育てていくのかという地方自治の原理である。団体自治と住民自治を尊重しているか。それとも、金融都市化に象徴されるようなグローバル資本の東京集中容認路線を強化していくのか。

第２の視点は福祉の視点である。地方自治の本来的な社会的役割は、福祉の増進である。ここでいう福祉とは、広義の福祉で、都民全ての人権保障を指している。

小池氏の政治スローガン「都民ファースト」という言葉には、介護や保育も大切にするというメッセージ性もないわけではない。従って、言葉では評価することができなくて、都政の中味で福祉の増進になっているかどうかを評価しなければならない。市民生活からの行政評価の視点が重要になっている。

第3の視点は、都市問題の視点である。都知事選で、小池氏は、都市問題領域の公約を打ち出している。注目されたのは「満員電車ゼロ」「都道の電柱ゼロ化」だった。選挙政策で、都市問題の解決に直結することを掲げたことは新鮮であった。が、都市問題の解決には、都市問題の根本である東京集中是正や長期の都市計画構想を必須要件とする。

現時点での小池都政の評価は次のようになるだろう。

第1の視点の地方自治を育てているかどうか。むしろ、小池都政なって自治権の後退が起きている。「東京特区推進共同事務局」は、国家戦略特区担当の国の役人が都庁に常駐する体制づくりが進み、国家の中枢部と緊密な行政組織が出来上がった。さらに時間を2016年9月に戻すと、保育園の規制緩和を求めて、小池氏は国家戦略特区地域会議で発言している。そして、都政史上初めてとなる金融庁が参加した金融都市づくりが起こっている。

つまり、一連の小池氏の国家との密着ぶりは、地方自治の団体自治の侵害である。小池都政から招いたのであれば、団体自治の放棄である。

第2の福祉増進の視点は、3つのことを指摘したい。子育て支援として保育園増設・保育士の労働改善について、前向きな姿勢をしているが、保育の質は追求されていないことが第1である。世田谷区は「保育の質ガイドライン」を設定して、保育園供給と子どもの環境確保を同時に追求している。東京都は既設の「庭なし」認証保育園の見直しの課題を背負っているのではないだろうか。

医療については、日本一高い75歳以上の後期高齢者医療保険料、高い医療保険料（国民健康保険料）の値下げ等により、国民皆保険制度の再構築の課題がある。事実認識として、無保険者が数%存在している実態把握が小池知事にあるのだろうか。

小池氏の「2020年に向けた実行プラン」の福祉に該当する区分は、「ダイバーシティ」に相当する。事業計画に特別の新鮮さがあるわけではないので、既存の医療・保健・福祉の寄せ集めの観を呈している。「ダイバーシティ」は、直訳すると〝多様性〟。EUの諸都市では「ダイバーシティ政策」が確立している。〝多様性〟は、移民・難民への人権保障を含めたすべての都市市民の共存のことを指している。多元的な価値を保障する自治体政策のことを「ダイバーシティ政策」という。「ダイバーシティ＝福祉政策」ではない。問題は、「都民福祉の増進」という明確なメッセージが、出ていないことである。小池氏は、「都民ファースト」と言うが、それにどの程度、政治家としての理念に「都民福祉の増進」が位置付いているのか。都政に問われることは、〈待機児ゼロ・特養待機者ゼロ・都民医療皆保険制度実現〉等である。曖昧な「都民ファースト」に福祉充実が入っているという理解は早計であろう。

第3の都市問題からの小池都政の評価は、「都市計画の思想」があるだろうかという視点である。電柱の地下化や通勤混雑解消という都市問題を選挙以来打ち出している。が、それはどこに原因があるのか、無計画な都市膨張がもたらした〝負の遺産〟に対して、東京の都市問題が発生した科学的分析は小池都政では行われていない。電柱の地下化や通勤混雑解消などは、都民受けすることもあり都市問題を活用した政治的ポピュリズムともいえるのではないだろうか。

3　私たちは、何をなすべきか―地域研究所を創り、自治体政策構想を練り上げたい

小池都政には、都政の財政力と行政権限を使って、都民の福祉を抜本的に改革する構想が見あたらない。次の２つは、切実な社会保障の要求を自治体の工夫で実現している事例である。自治体がその気になれば、実現できる。

①高齢者医療費無料化
東京都日の出町は、75歳以上の医療費無料化を実現している。
東京都全域で、75歳以上の医療費無料化は制度上は実現できる

②介護保険改革は自治体負担で「限度額撤廃」
長野県泰阜村は、介護保険の限度額を超えた自己負担を村の財政で補填をしている、介護保険には、サービス提供が介護度によって上限が決められている。その介護保険の「限度額」が撤廃されれば、その人に必要なケアを公的保障として提供することができる。

自治体の可能性の政策構想を練り上げていくために私たちも学習と調査研究に取組んでいきたい。一億総活躍社会等の安倍政権の地域総動員体制に対抗するためにも、それぞれの自治体改革を展望できる現代版の

〝地域研究所〟を創っていきたい。現代版の地域研究所は、地方創生や国家戦略特区の自治体への影響を分析することが課題となる。そして住民福祉を向上していくための持続的な地方自治研究を深めたい。

本ブックレット『二つの自治体再編戦略―地方創生と国家戦略特区、そして小池都政―ＫＰＩとＰＤＣＡサイクルによる公的サービスの市場化』が、多くの自治体の関係者に手に取られて、自治体「構造改革」の新段階が伝わることを期待している。そして、自治権拡充と福祉の増進が保障された本当の地域づくりのための現代的自治運動を拡げることに少しでも役に立つとすれば、筆者達はこれに優る喜びはない。

（安達智則）

執筆者一覧

進藤　兵	東京自治問題研究所理事長・都留文科大学教授（はじめに）
安達　智則	東京自治問題研究所主任研究員・健和会医療福祉調査室室長・都留文科大学講師（第2章・おわりに）
石橋　映二	東京自治問題研究所研究員（第3章）
川上　哲	東京自治問題研究所研究員（第1章）

二つの自治体再編戦略
—地方創生と国家戦略特区、そして小池都政
KPIとPDCAサイクルによる公共サービスの市場化

2017年4月10日　第1刷　発行

発　行　所　一般社団法人　東京自治問題研究所
〒170-0005　東京都豊島区南大塚2-33-10
東京労働会館5階
電話 03-5976-2571　FAX 03-5976-2573
Mail　tokyo-jichiken@clock.ocn.ne.jp

印刷・製本　モリモト印刷株式会社

ISBN　978-4-902483-14-7